本书获德州学院学术出版基金资助

德州地域文化研究丛书·第五辑
地方文化检索与利用丛书（第二辑）

地方文献阅读推广新论

孙洪林　陈秀英　任延安　著

新华出版社

图书在版编目（CIP）数据

地方文献阅读推广新论 / 孙洪林, 陈秀英, 任延安著.

北京：新华出版社, 2022.8

ISBN 978-7-5166-6344-8

Ⅰ. ①地… Ⅱ. ①孙… ②陈… ③任… Ⅲ. ①地方文
献—读书活动—研究—德州 Ⅳ. ①G252.17

中国版本图书馆CIP数据核字（2022）第127473号

地方文献阅读推广新论

作　　者：	孙洪林　陈秀英　任延安		
责任编辑：董朝合		封面设计：徐占博	
出版发行：新华出版社			
地　　址：北京石景山区京原路8号		邮　　编：100040	
网　　址：http://www.xinhuanet.com/publish			
经　　销：新华书店、新华出版社天猫旗舰店、京东旗舰店、京东旗舰店各大网店			
购书热线：010-63077122		中国新闻书店购书热线：010-63072012	
排　　版：徐春爽			
印　　刷：河北鑫兆源印刷有限公司			
成品尺寸：170mm×240mm			
印　　张：17.25		字　　数：210千字	
版　　次：2022年8月第一版		印　　次：2022年8月第一次印刷	
书　　号：ISBN 978-7-5166-6344-8			
定　　价：78.00元			

序

　　《地方文献检索与利用丛书》（第二辑）是德州地方文献研究中心（德州学院十三五规划重点研究中心）联合德州地域文化研究中心共同组织撰写的一套关于地方文献检索与利用的丛书，也是德州学院"十三五"重点学科课题，这套丛书填补了国内此领域的一项空白。

　　德州地域文化研究中心成立于2005年，十余年来，德州地域文化研究中心积极参与德州城市文化建设，开展地域文化研究，先后编纂出版《德州地域文化研究丛书》四辑，计44册，为构建德州特色文化品牌，提升文化软实力和城市形象，建设区域文化高地，促进德州文化产业发展作了重大贡献。2013年，德州地域文化研究中心被确立为德州市首批社会科学研究基地；2017年，又获批山东省"十三五"高校人文社会科学研究基地。

　　德州地方文献研究中心是德州学院联合德州市委、市政府、市群团组织、市新闻单位、德州军分区等相关部门共同建设的校级学术研究服务机构。该机构的成立旨在积极有效地组织德州地方文献的收集活动，积极开展德州地方文献资源的交流与研究，建成反映德州地域特色的文献总库。该中心成立于2015年12月，其主要职责为以下五点：一是建设包括馆藏实体资源和网络虚拟资源在内的德州地方文献信息资源，对资源进行科学加工整序和管理维护；二是做好流通阅览、资源传送和参考咨询工作，积极开发文献信息资源，开展文献信息服务；三是组织和协调校内外的德州地方文献信息工作，实现文献信息资源的优化配置；四是积极参与文献保障体系建设，实行资源共建、共知、共享，促进事业的整体化发展；五是积极开展各种协作、合作和学术活动。

　　组织开展关于地方文献的收集、整理和研究是德州地方文献研究中心的重要职责之一。德州地方文献研究中心于2016年组织德州学院校内外专家、学者撰写了《德州旧志校注丛书》（共10册）；2017年组织编写了《德州地方文献导读》（一册装）（德州作家作品目录提要、任继愈学术成果书目提要、《德州日报》地方史志文献索引、德州地方文献研究中心藏书目录、地方文献研究综述）。2018年初，德州地方文献研究中心开始策划撰写《地方文献检索与利用丛书》，2019年出版了《地方文献检索概论》《德州历代要籍题录与资料索引》《现当代文学导读书目》，2020年出版了《德州新方志概要》《德州非物质文化遗产项目资料述要》《地方高校图书馆文化建设》，2021年出版了《德州谱牒文献概要》《任继愈任继周学术著作提要》《德州地方文献联合目录》《德州市馆藏儿童文学联合目录》，2022年计划出版《高校图书馆微服务体系概论》《德州地方专题文献索引》《地方文献阅读推广新论》《纺织文献检索与利用综论》。

　　此项工作得到了德州学院校领导、德州学院科研处等相关部门的大力支持与帮助，得到了季桂起教授、张明福研究员等区域文化研究专家的指导，在此深表感谢。

本书编委会

2022年5月9日

目 录

上编 理论部分

第一章　地方文献概述

地方文献是地方文化的积淀，是地区发展的缩影，也是文化传承的印记。它记载着本地区各个不同历史时期的政治、经济、文化、科学、教育等方面的发展变化和重大历史事件，是人们认识某地域的工具，具有重要的史料价值和学术价值。

第一节　地方文献

一、地方文献的收集

地方文献的复杂多样，生产单位的不同隶属关系和出版发行渠道的千变万化，使地方文献的收集工作变得异常艰难。 从图书馆的角度来讲，地方文献的来源无外乎采购、访求、呈缴、个人和团体捐赠、交换、复制这样一些手段。

二、地方文献的管理

（一）把收集来的地方文献资料，及时进行登录、分编，建立地方文献资料登记，便于掌握地方文献藏量，有利于地方文献资料的管理。

（二）对于从图书报刊中剪辑复制的零碎文献，按照学科内容分组装订成册，然后再登记、分类、著录、排架。

（三）设立专架存放。地方文献收集后，应该设立专门的书架进行收藏保管，以便于管理和方便读者查阅。

（四）编制地方文献目录。地方文献是建立特色馆藏的一个重要方面，图书馆根据各自收藏的地方文献多少，编写图书馆收藏地方文献目录，是图书馆地方文献收集、利用工作的一个重要步骤。

（五）组织地方文献资料展览。通过开办地方文献展览，既宣传地方文献，又增加当地图书馆的社会知名度，对提高当地图书馆的办馆效益有积极作用。

三、地方文献的特征与作用

（一）地方文献的特征

1. 地方区域性

2. 历史资料性

3. 广泛性

4. 时代性

5. 连续性（系统性）

6. 无序性

（二）地方文献的作用

1. 为各级领导提供决策依据

2. 为科学研究提供文献支持

3. 为发展经济提供历史依据

4. 为传承地方文化和弘扬地方文化提供史料

5. 为地方部门的编史修志提供翔实的文献资料

6. 为地方部门的爱国爱乡教育提供鲜活的教材

第二节　地方文献理论研究

众所周知，地方文献对促进某一地方经济的发展，对繁荣某一地区的科学文化事业，都起到了有效的咨询与决策作用；地方文献也是爱国主义教育的重要资源选择之一，对弘扬民族精神具有重要意义。通过中国知网数据库检索已发表的相关论文，为探索未来发展方向奠定基础。

一、数据来源与方法

（一）数据获取

通过中国知网（CNKI）的全文数据库，利用高级检索功能，以"地方文献"为检索词，检索词限定在篇关摘字段，精确检索，学科领域不限，文献类型为学术期刊，从2000年1月1日到2021年12月31日作为发表文献的检索范围。本文数据收集时，已在下载数据时逐页检查检索结果，对在检索的结果中出现约稿函、启事、新闻、会议通知、会议发言等信息均已删除，保证了数据的准确性，符合检索条件的文献共4087篇，以Refworks格式导出检索结果。

（二）方法

使用CiteSpace软件进行数据可视化分析，CiteSpace是由美国德雷赛尔大学华裔教授陈超美创制研发的一款可视化的知识图谱分析工具，适用于进行多元、分时、动态的复杂分析。这一工具集数据挖掘、文献计量和可视化等功能于一体，用以观察和分析某个研究领域的演进历程、发展趋势，以及研究前沿与知识基础、不同研究前沿之间相互联系。

二、研究数据分析

（一）发文量

发文量是一个研究状况的重要指标，从发文量可以看出关于地方文献的研究状况。根据图1可以看出，从2000年到2021年的21年的时间，关于地方文献的研究整体趋势是从一个快速增长趋势到平稳，再由平稳到下降，这个研究趋势也符合学术研究特点；从这21年的统计时间内，可以看出关于地方文献的研究出现了两个高峰值，一个是2010年，一个是2014年和2015年，这两个峰值的年度发文量都是273篇。

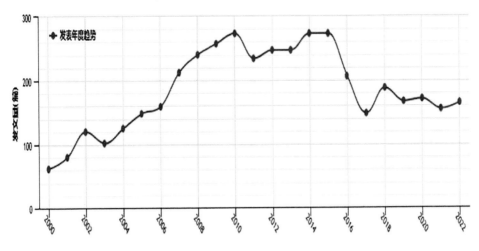

图1 地方文献发文量及趋势

（二）期刊分析

期刊作为学术论文交流的重要载体，它的载文量也是作为某一研究实力的定量分析方法。从发表有关地方文献的来源期刊来看（如图2所示），《图书馆理论与实践》这一期刊的载文量最多，载文99篇，其次是《图书馆》，载文85篇，这两种期刊都是专业类期刊，是研究图书馆学情报学的核心期刊，另外发表论文较多的期刊还有《图书馆论坛》《图书馆建设》《图书馆工作与研究》《图书馆杂志》《图书馆学研究》这5种期刊，发文量多在50篇以上，从图上我们也可以看出，排名靠前的15种期刊都是图书馆学类的期刊，说明关于地方文献的研究在图书馆界关注度高。对从中国知网数据库检索到的4087篇文献来看，发表在核心期刊和中文社会科学引文索引（CSSCI）收录的期刊上共发文1043篇，占全部文献的25.52%。

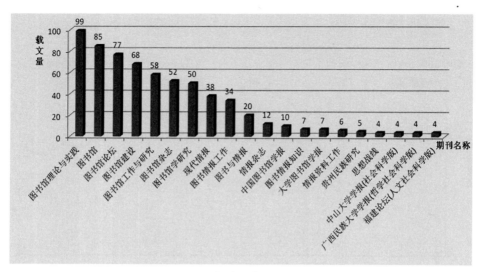

图2 来源期刊

（三）关键词分析

1. 关键词共现

通过Citaspace软件可以对获取的地方文献数据进行关键词共现分析，可以得到关键词共现统计图表，如图3及表1所示。

图3 关键词共现图

通过图3我们可以看出，以下关键词出现的频次较高，如表1：

表1：高频词关键词表

序号	关键词	频次	年份	序号	关键词	频次	年份
1	地方文献	2211	2000	16	阅读推广	43	2016
2	图书馆	546	2000	17	地方文化	43	2007
3	公共图书馆	400	2000	18	特色数据库	40	2002
4	高校图书馆	218	2000	19	地方文献建设	39	2002
5	开发利用	142	2000	20	资源共享	38	2001
6	数据库	134	2000	21	民族地方文献	37	2002
7	地方文献工作	116	2000	22	信息服务	32	2000
8	资源建设	99	2000	23	数据库建设	30	2002
9	地方文献资源	80	2000	24	地域文化	29	2006
10	数字化	69	2002	25	非物质文化遗产	27	2007
11	地方志	68	2000	26	文献资源	27	2000
12	共建共享	59	2005	27	信息资源	24	2000
13	文献资源建设	52	2000	28	地方高校	24	2008
14	县级图书馆	48	2006	29	区域文化	23	2014
15	特色馆藏	48	2004	30	网络环境	21	2000

2. 关键词聚类

通过CiteSpace软件对地方文献的研究进行关键词的聚类分析，可以得到关键词聚类图谱（图4）及关键词共现聚类表（表2），这些聚类反映了地方文献的热点研究问题，包括"地方文献""公共图书馆""图书馆""高校图书馆""自然科学""开发利用""资源建设"7个主要聚类标签。

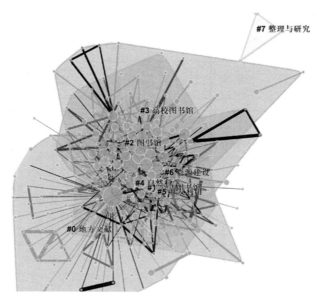

图4 关键词聚类图谱

表2：关键词共现聚类表

聚类号	聚类大小	平均年	标识词（前5位）
0	49	2012	地方文献；方志馆；广州大典；剡溪诗话；资源；
1	35	2010	公共图书馆；阅读推广；文旅融合；大数据；文献资源；
2	34	2005	图书馆；地方文献工作；地方文献征集；地方文献工作者；文献工作；文献征集；
3	31	2006	高校图书馆；数据库建设；高校；建设；核心服务能力；
4	27	2005	自然科学；党校图书馆；地方高校图书馆；数据库；地方文献资源；
5	17	2004	开发利用；开发；西北地区；西部大开发；文献开发；
6	15	2006	资源建设；收集范围；资源整合；灰色文献；整理与研究；

3. 关键词突现

通过CiteSpace软件可以对检索到的文献进行关键词突现分析，它反映了在一定时期内关键字出现频率的突然增加，从而可以找出每个时间段的爆发热点及其持续时间。图5是根据软件计算出现的突现词个数，地方文献研究在2000年-2021年时间段共探测出25个节点突现词，反映了地方文献研究中的前沿问题及关键词演进趋势。通过图5可知，数字图书馆从2000年开始出现，持续到2007年结束，被其他关键词给替换了，网络环境也从2000年开始出现，持续到2007年结束，被其他关键词给替换了，还有资源共享从2000年开始出现，持续到2007年结束，该词被其他关键词给替换了，这三个关键词从一出现就保持强势，被持续关注研究了7年时间；数字图书馆、数据库建设、资源共享、数据库、网络环境、多元合作这几个词的突现强度值比较高，都在5.1以上，但分别在不同的年份结束，关键词被替换了；目前，关于地方文献研究的热点还未出现。

4. 作者分析

作者发文量反映了其在某一领域的研究实力，图6是统计出发文量排名在前30的作者，这些作者共发文181篇，占发文总量的4.43%。通过图6可以看出，江山发文最多，发表论文16篇；其次是廖晓云、傅白云，各发表论文9篇；还有发文量靠前的作者赵靖、管莉萌、李变秀、刘泳洁、黄亚男、刘伟华、袁逸、张利、孔稳舒、刘瑛、杨晓梅，依次发表论文8篇、7篇、7篇、6篇、6篇、6篇、6篇、6篇、6篇、6篇、6篇。发文量靠前的6位作者单位分别是合肥学院、广西壮族自治区图书馆、海南师范学院图书馆、哈尔滨市图书馆、岳阳市图书馆、云南保山学院，从前6位作者可以看出，关于地方文献的研究主要集中在高校图书馆和公共图书馆，但其研究的核心作者未形成，作者分布广泛。

Top 25 Keywords with the Strongest Citation Bursts

Keywords	Year	Strength	Begin	End	2000 - 2021
地方文献资料	2000	4.6733	2000	2001	
民族文献	2000	4.425	2000	2005	
数字图书馆	2000	6.6164	2000	2007	
网络环境	2000	5.2106	2000	2007	
地方文献工作	2000	3.8634	2000	2002	
开发利用	2000	3.4008	2002	2004	
书目数据库	2000	3.2022	2002	2007	
地方文献征集	2000	4.3288	2002	2007	
主题标引	2000	3.5707	2002	2006	
西北地方文献	2000	3.1511	2002	2003	
征集工作	2000	4.0687	2003	2009	
数据库	2000	5.9735	2003	2008	
民族地区	2000	4.5287	2004	2007	
数据库建设	2000	6.2681	2005	2011	
资源共享	2000	6.2271	2006	2013	
《全宋诗》	2000	3.5575	2006	2007	
非物质文化遗产	2000	4.1744	2007	2011	
文献采访	2000	3.1909	2008	2013	
文献征集	2000	4.0726	2010	2013	
基层图书馆	2000	3.2261	2010	2015	
地方高校图书馆	2000	4.6437	2010	2012	
信息服务	2000	4.4311	2011	2012	
文献资源	2000	3.4195	2011	2013	
多元合作	2000	5.1043	2012	2014	
文献价值	2000	4.0517	2012	2016	

图5 关键词突现

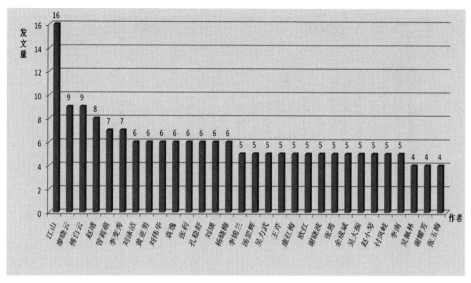

图6 作者发文

5. 机构分析

一个地区在特定领域发表论文的数量可从一定程度上代表该机构或作者在该领域的研究实力，通过下载的数据分析得出图7机构发文趋势，图中是排名前30的机构，这些机构共发文738篇，占发文总数的18.06%。通过图7可以看出，发表论文最多的研究机构是吉首大学，发表论文47篇，占1.15%，其次是黑龙江省图书馆，发表40篇，占0.98%，再次是湖南图书馆，发表38篇，占0.93%，排名靠前的还有中山大学、甘肃省图书馆、广西壮族自治区图书馆、辽宁省图书馆、浙江图书馆、浙江省绍兴市图书馆、福建师范大学、首都图书馆、保山学院、海南大学、武汉大学、哈尔滨市图书馆、河南省图书馆、陕西省图书馆、广西桂林图书馆、广东省立中山图书馆，这些机构发表论文都在20篇以上。从排名靠前的机构可以看出，关于地方文献的研究主要集中在高等院校和公共图书馆。

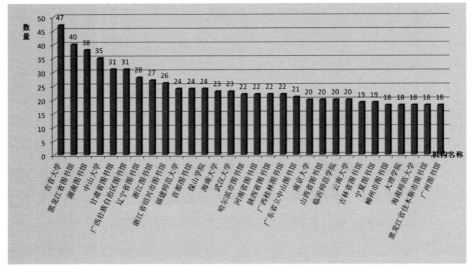

图7 机构发文

6. 基金分布

大家知道，论文是常见的课题研究成果主要表现形式之一，所以带课题基金的论文其研究内容价值相对较高，容易受到关注，通过分析所发表的论文被基金资助的情况，也可以从另一方面反映某领域的研究情况。图8是根据检索的数据，获得的论文被基金资助的情况，总被资助246篇论文，占总数的6.02%，通过图8可以看出，排在前3的是国家社会科学基金、湖南省哲学社会科学基金、教育部人文社会科学研究项目，分别资助121项、23项、16项，而国家社会科学基金、教育部人文社会科学研究项目、国家自然科学基金这三个层面的基金资助的论文151篇，占论文总数的3.69%，排名靠前的还有海南省高等学校科学研究项目、陕西省教育厅科研计划项目、湖南省教委科研基金、肇庆市哲学社会科学规划项目、福建省社会科学规划项目、中国博士后科学基金，依次资助的论文数为8篇、6篇、5篇、3篇、3篇、3篇。

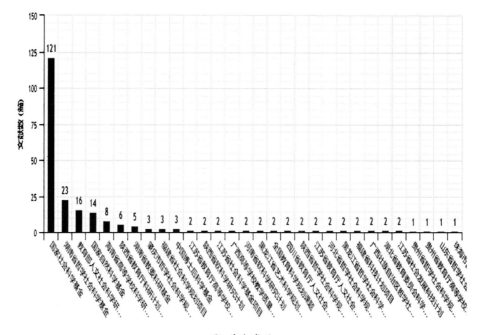

图8 基金资助

三、结论

通过中国知网数据的检索和相关字段的分析，可以得出以下结论：

从发文趋势来看，发文量从2000年开始是一个增长趋势，但总体发文总量偏低，尤其在2015年之后，发文量开始下降。

从检索到的数据来看，发表在核心期刊和中文社会科学引文索引（CSSCI）收录的期刊上研究成果占比较低，还不到三分之一，所获取的数据大部分是普通期刊论文。

关于地方文献的研究作者和机构以高校和公共图书馆为主，且相关合作研究比较低，未形成核心作者和高产机构。

从2000年到2021年所发表的论文，被基金资助的数量较低，只有246篇论文，占比6.02%，有较大的提升空间。

第二章　阅读推广概述

全民阅读是指通过对社会群众的动员，促使他们积极投身到形式多样的读书活动中去，形成爱读书、勤读书、善读书的良好社会风尚。这一概念是由"世界读书日"演变而来的，而自1995年联合国教科文组织确定每年的4月23日为"世界图书与版权日"，1997年又发起"全民阅读"活动，自此与其直接相关的就是"阅读推广"活动，它是实现全民阅读、创造学习型社会的关键一步，也是完善公共文化服务体系的重要抓手。

第一节　阅读推广

自国际上发出全民阅读的倡议之后，国内迅速作出响应，所以1997年以来，"阅读推广"逐渐成为国内图书馆界、出版界的一个研究热点，而图书馆作为全民阅读推广的骨干力量之一，有义务去引导全民阅读，在实现全民阅读建设中积极贡献图书馆力量。

一、世界读书日

"世界读书日"起源于"世界图书与版权日"，最初也被称作"世界图书日"，这个创意的产生最早来自国际出版商协会。"世界图书日"的构想最初是由国际出版商协会在1995年第25届全球大会上提出的一个设想，将每年的4月23日定为"世界图书日"，世界读书日的设定旨在推进全球的阅读工程，目的是让人人享有读书、看报的权利，这一举措推动了全民阅读活动在全球的快速推进。

二、国内相关制度保障

（一）国家层面

1. 政府工作报告

自2014年以来，"全民阅读"连续9次写入《政府工作报告》，具体提法见表1。

表1：历届政府工作报告里对全民阅读的提法

序号	时间	全民阅读提法
1	2014年	促进基本公共文化服务标准化均等化，发展文化艺术、新闻出版、广播电影电视、档案等事业，繁荣发展哲学社会科学，倡导全民阅读。
2	2015年	提供更多优秀文艺作品，倡导全民阅读，建设学习型社会，提高国民素质。
3	2016年	深化群众性精神文明创建活动，倡导全民阅读，普及科学知识，弘扬科学精神，提高国民素质和社会文明程度。
4	2017年	大力推动全民阅读，加强科学普及。
5	2018年	倡导全民阅读，建设学习型社会。
6	2019年	倡导全民阅读，推进学习型社会建设。
7	2020年	倡导全民健身和全民阅读，使全社会充满活力、向上向善。
8	2021年	推进城乡公共文化服务体系一体建设，创新实施文化惠民工程，倡导全民阅读。
9	2022年	深入推进全民阅读。

2. 法律规定

表2：法律对全民阅读规定

序号	时间	法律名称
1	2016年	《中华人民共和国公共文化服务保障法》
2	2017年	《中华人民共和国公共图书馆法》

3. 规划和指导意见

表3：全民阅读有关的规划和指导意见

序号	时间	规划和指导意见
1	2012年	党的十八大报告首次将"开展全民阅读活动"纳入我国社会主义文化强国建设。
2	2016年	《中华人民共和国国民经济和社会发展第十三个五年规划纲要》发布，《纲要》将全民阅读提升到国家战略高度。印发《全民阅读"十三五"时期发展规划》。
3	2020年	中央宣传部印发《关于促进全民阅读工作的意见》，部署了进一步推动全民阅读工作的重点任务、保障措施，提出到2025年基本形成覆盖城乡的全民阅读推广服务体系的总体目标。
4	2021年	《中华人民共和国国民经济和社会发展第十四个五年规划和2035年远景目标纲要》中，明确提出"深入推进全民阅读，建设'书香中国'"。

（二）省市层面

表4：省市出台的开展全民阅读活动指导意见

序号	省市	相关政策措施
1	山东	山东省《关于加快构建现代公共文化服务体系的实施意见》《关于在全省开展全民阅读活动的意见》《山东省全民阅读促进办法》《关于统筹推进全民阅读工作的意见》
2	济南市	"书香泉城"全民阅读节
3	青岛市	《青岛市2019年全民阅读工作实施方案》《青岛市2022年全民阅读工作实施方案》
4	淄博市	《淄博市建设书香淄博实施方案（2020-2022）》《淄博市城市书房建设实施意见》《淄博市城市书房建设标准》《淄博市城市书房服务规范》《淄博市城市书房运营管理绩效考核办法》
5	枣庄市	书香文化节
6	东营市	《2022年东营市全民阅读实施方案》
7	烟台市	《关于深化全民阅读建设"书香烟台"的实施意见》《烟台市全民阅读促进条例》

8	潍坊市	《关于加强城市书房和乡村书房建设的意见》《潍坊市城乡书房建设和运行管理细则》《关于推进全民阅读的实施意见》
9	济宁市	《全民阅读中长期规划》《实施乡村阅读工程加快推进农家书屋建设的意见》《2022年济宁市全民阅读工作方案》
10	泰安市	"全民阅读·书香泰安"活动
11	威海市	《2017年威海市全民阅读活动实施方案》《2018年威海市全民阅读活动总体方案》《2020年威海市全民阅读活动实施方案》《威海市关于统筹推进全民阅读工作的实施方案》
12	日照市	"全民阅读·书香日照"文化名片
13	临沂市	《2020年临沂市全民阅读活动实施意见》《关于做好2021年全民阅读工作的通知》
14	德州市	《首届德州市全民阅读活动实施方案》《德州市关于加快构建现代公共文化服务体系的实施意见》《德州市国民经济和社会发展第十四个五年规划和2035年远景目标纲要》
15	聊城市	《聊城市统筹推进全民阅读暨"书香聊城"建设工作实施方案》
16	滨州市	"滨州市全民读书大赛"活动
17	菏泽市	"春暖花城·书香菏泽"全民阅读季活动

（三）行业层面

2003年7月，受文化部委托，中国图书馆学会开展了全国图书馆范围内的全民阅读活动；2006年4月，中国图书馆学会科普与阅读指导委员会成立，并于2009年9月更名为"阅读推广委员会"，共分15个分委员会。

第二节 阅读推广理论研究

一、数据来源与方法

（一）数据获取

利用中国知网全文数据库的高级检索功能，以"阅读推广"and"高校图书馆"为检索词，检索词限定在篇关摘字段，精确检索，学科领域不限，文献类型为学术期刊，发表文献年度截止到2021年12月31日。本文数据收集时，已在下载数据时逐页检查检索结果，对在检索的结果中出现约稿函、启事、新闻、会议通知、会议发言等信息均已删除，保证了数据的准确性，符合检索条件的文献共3255篇，以Refworks格式导出检索结果。

（二）方法

使用CiteSpace软件进行数据可视化分析，CiteSpace是由美国德雷赛尔大学华裔教授陈超美创制研发的一款可视化的知识图谱分析工具，适用于进行多元、分时、动态的复杂分析。这一工具集数据挖掘、文献计量和可视化等功能于一体，用以观察和分析某个研究领域的演进历程、发展趋势，以及研究前沿与知识基础、不同研究前沿之间相互联系。

二、数据分析

（一）发文量

从中国知网检索的数据可以看出，关于高校图书馆与阅读推广的研究最早从2010年开始出现，随后每年都有研究成果发表，通过图1可以看出从2010年开始到2021年这12年的时间内，发表的论文是一个快速增长趋势，到2019年达到高峰，2019年发表的论文有546篇；而从最早2010年发表的3篇论文到2019年发表的546篇论文，10来年的时间发表论文增长了182倍，说明对高校图书馆的阅读推广研究是个热点领域，被大家的关注度比较高。

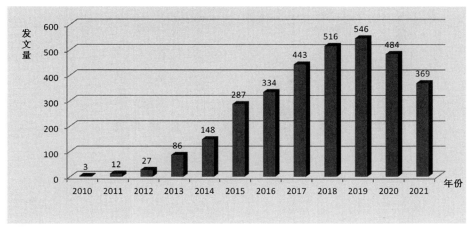

图1 发表年度趋势

（二）期刊分析

　　期刊作为学术论文交流的重要载体，它的载文量也是作为某一研究实力的定量分析方法。从发表有关高校图书馆与阅读推广的来源期刊来分析，具体如图2所示，《河南图书馆学刊》载文量最多，载文149篇，其次是《图书馆学刊》，载文81篇，这两种期刊都是图书情报的专业类期刊，是研究图书馆学情报学的重要期刊，另外发表论文较多的期刊还有《图书情报工作》《图书馆研究》《图书馆工作与研究》《大学图书馆学报》《情报探索》《图书馆学研究》《新世纪图书馆》这7种期刊，发文量都在30篇以上。从图2上我们也可以看出，排名靠前的15种期刊都是图书馆学类的期刊，说明关于高校图书馆与阅读推广的研究在图书馆界关注度高。对从中国知网数据库检索到的3255篇文献来看，发表在核心期刊和中文社会科学引文索引（CSSCI）收录的期刊上共发文505篇，占全部文献的15.51%，占全部文献的比重较低。

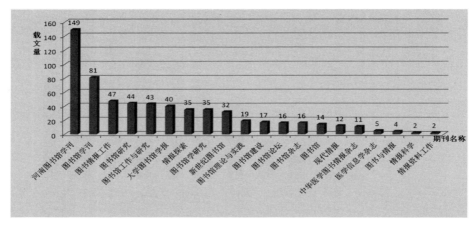

图2 期刊载文量

（三）关键词分析

关键词是对论文研究主题与核心内容的高度凝练，关键词的出现频率可以反映其所涉及的研究领域的热点，将通过CiteSpace软件进行进一步分析。

1. 关键词共现

通过CiteSpace软件对从中国知网数据库检索得到的3255条有效文献进行关键词共现分析，可以得到关键词共现统计图表，见图3及表1。

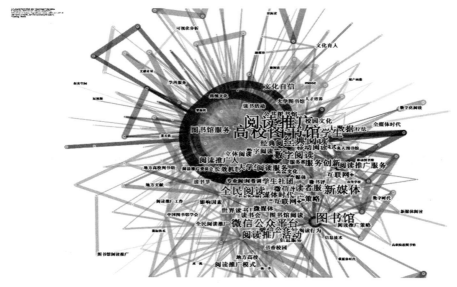

图3 关键词共现

通过图3我们可以看出，以下关键词出现的频次较高，如表1：

表1：高频词关键词表

序号	关键词	频次	年份	序号	关键词	频次	年份
1	阅读推广	2248	2011	15	学生社团	33	2014
2	高校图书馆	2244	2010	16	阅读推广人	31	2016
3	图书馆	381	2011	17	互联网+	31	2016
4	新媒体	149	2014	18	新媒体时代	30	2016
5	大学生	117	2010	19	阅读服务	29	2012
6	全民阅读	116	2012	20	微信平台	29	2015
7	经典阅读	100	2010	21	大学生阅读	27	2014
8	微信公众平台	94	2014	22	推广策略	25	2011
9	数字阅读	74	2014	23	图书馆服务	24	2012
10	阅读推广活动	61	2012	24	经典阅读推广	24	2016
11	服务创新	49	2014	25	微信公众号	23	2018
12	读者服务	41	2014	26	文化自信	21	2019
13	大数据	35	2015	27	移动阅读	21	2012
14	阅读推广服务	33	2010	28	读书会	20	2014

2. 关键词聚类

通过CiteSpace软件对高校图书馆阅读推广的研究进行关键词的聚类分析，可以得到关键词聚类图谱（图4）及关键词共现聚类表（表2），这些聚类反映了高校图书馆阅读推广的热点研究问题，包括"阅读推广"、"图书馆""经典阅读""新媒体""微信公众平台""服务创新""全民阅读""阅读推广委员会"8个主要聚类标签。

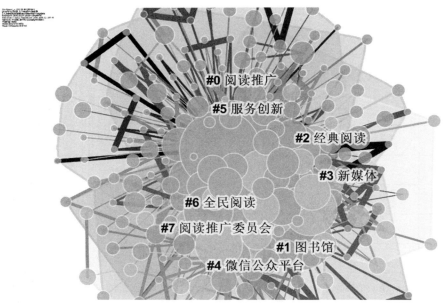

图4 关键词聚类图谱

表2：关键词共现聚类表

聚类号	聚类大小	平均年	标识词（前5位）
0	66	2013	阅读推广；公众平台；文化自信；思政；高校图书馆；
1	39	2013	图书馆；校园阅读；书香校园；校园文化；阅读推广活动；
2	33	2014	经典阅读；移动图书馆；阅读疗法；用户服务；信息技术；
3	20	2015	新媒体；MOOC；数字阅读；数字时代；大数据；
4	19	2017	微信公众平台；对策研究；微信公众号；阅读推广工作；阅读推广模式；
5	19	2014	服务创新；可视化分析；共词分析；公共图书馆；信息服务；
6	18	2016	全民阅读；vr/ar；用户体验；手机阅读；互联网+；
7	10	2014	阅读推广委员会；全民阅读推广；中国图书馆学会；研讨会；阅读推广人；

3. 关键词突现

通过CiteSpace软件可以对检索到的文献进行关键词突现分析，它反映了在一定时期内关键字出现频率的突然增加，从而可以找出每个时间段的爆发热点及其持续时间。图5是根据软件计算出现的突现词个数，高校图书馆阅读推广研究在 2010年–2021年时间段共探测出22个节点突现词，反映了高校图书馆阅读推广研究中的前沿问题及其演进趋势。通过图5可知，大学生从2010年开始出现，持续到2016年结束，该词被其他关键词给替换了，还有全媒体从2011年开始出现，持续到2017年结束，该词也被其他关键词给替换了，这两个关键词从一出现就保持强势，被持续关注研究了6年时间；文化自信、问卷调查、互联网+、微书评这四个词的突现强度值比较高，都在4.4以上，但除文化自信外，另外三个词分别在2013年、2019年、2016年结束；目前，关于高校图书馆阅读推广研究的热点主要集中在"数字阅读推广""阅读推广人""阅读推广服务""文化自信""阅读推广策略""新媒体"等方面。

4. 作者分析

作者的发文数量可从一定程度上代表该作者在该研究领域的学术实力，根据图6可知，发表论文在5篇以上的作者有21位，一共发表132篇论文，占论文总数的4.06%。其中，发表论文最多的是刘时容，发表论文12篇，其次是秦疏影、谢萍、王宇、岳修志、李杏丽，依次发表论文8篇、8篇、7篇、7篇、7篇，发文靠前的作者还有陈幼华、郭文玲、张淼、刘海涛、薛宏珍、王洪波、朱沙、殷婷婷、魏群义、于静，这些作者发文都在5篇以上。发文最多的前六位作者的单位分别是湖南人文科技学院图书馆、北京农学院图书馆、湖南涉外经济学院图书馆、沈阳师范大学图书馆、中原工学院图书馆、华北理工大学图书馆，这说明了高校图书馆阅读推广研究的"核心作者群"还未真正形成，作者分布广泛。

Top 22 Keywords with the Strongest Citation Bursts

Keywords	Year	Strength	Begin	End	2010 – 2021
大学生	2010	3.7905	**2010**	2016	
全媒体	2010	3.2275	**2011**	2017	
问卷调查	2010	4.9688	**2011**	2013	
阅读推广委员会	2010	3.2505	**2012**	2013	
阅读文化	2010	3.252	**2012**	2016	
中国图书馆学会	2010	3.1454	**2013**	2015	
读书活动	2010	3.6024	**2014**	2016	
移动阅读	2010	3.2158	**2014**	2016	
微书评	2010	4.4947	**2015**	2016	
全媒体时代	2010	3.3027	**2015**	2017	
全民阅读推广	2010	3.9944	**2015**	2016	
立体阅读	2010	4.9021	**2016**	2018	
服务模式	2010	3.6737	**2016**	2018	
数字时代	2010	2.8713	**2017**	2018	
互联网+	2010	4.8126	**2017**	2019	
长效机制	2010	3.0121	**2017**	2019	
数字阅读推广	2010	2.9854	**2018**	2021	
阅读推广人	2010	2.7986	**2019**	2021	
阅读推广服务	2010	4.1033	**2019**	2021	
文化自信	2010	5.7068	**2019**	2021	
阅读推广策略	2010	2.9834	**2019**	2021	
新媒体	2010	3.3595	**2019**	2021	

图5 关键词突现分析

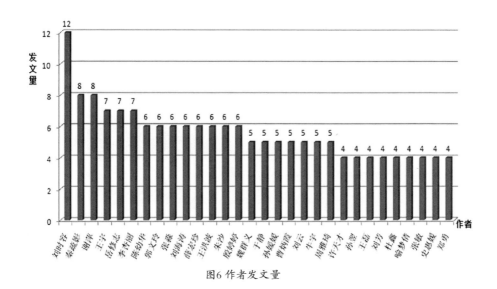

图6 作者发文量

5. 机构分析

机构发文能说明某一具体的单位在某领域理论研究及学科发展中的综合实力及其在本学科领域内对学界的影响，通过检索数据，我们获得了发文在前30的机构，这些机构共发文465篇，占发文总数的14.3%。通过图7可以看出，发表论文最多的研究机构是沈阳师范大学，发表论文25篇，占0.77%，其次是安徽大学，发表23篇，占0.71%，再次是内蒙古财经大学，发表21篇，占0.65%，排名靠前的还有广东石油化工学院、南京大学、郑州大学、井冈山大学、南京邮电大学、陕西科技大学、辽宁大学、上海交通大学、武汉大学、齐齐哈尔大学、山东大学、郑州工业应用技术学院，这些单位发表论文都在15篇以上。

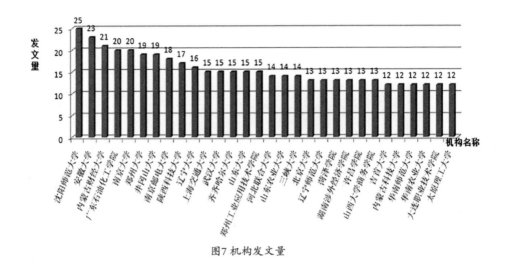

图7 机构发文量

6. 基金分布

通过分析所发表的论文被基金资助的情况，也可以从另一方面反映某领域的研究情况。图8是根据检索的数据，获得的论文被基金资助的情况，总被资助273篇论文，占总数的8.39%，通过图8可以看出，排在前3的是国家社会科学基金、江苏省教育厅高等学校哲学社会科学基金项目、江苏省教育厅人文社会科学研究基金，分别资助73项、26项、23项，而国家社会科学基金、教育部人文社会科学研究项目这两个层面的基金资助的论文82篇，占论文总数的2.52%，排名靠前的还有湖南省教委科研基金、湖南省哲学社会科学基金、陕西省教育厅科研计划项目、教育部人文社会科学研究项目、海南省高等学校科学研究项目、河南省软科学研究计划、河南省软科学研究计划、辽宁经济社会发展立项课题、河南省高等学校人文社会科学研究项目，依次资助20项、17项、10项、9项、6项、6项、5项、5项、5项。

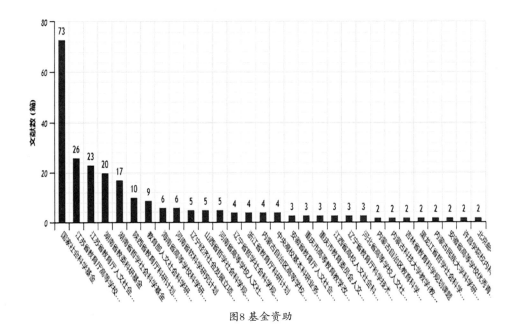

图8 基金资助

三、结论

通过中国知网数据的检索和相关字段的分析，可以得出以下结论：

（一）从发文趋势来看，发文量从2010年开始是一个快速增长趋势，但在2020年之后，发文量开始下降，但通过突现关键词分析："数字阅读推广""阅读推广人""阅读推广服务""文化自信""阅读推广策略""新媒体"是新的研究热点，发文量应该有提升空间。

（二）从检索到的数据来看，发表在核心期刊和中文社会科学引文索引（CSSCI）收录的期刊上研究成果占比较低，共发文505篇，占15.51%，占全部文献的比重较低，大部分发表的论文还是普通期刊论文。

（三）关于高校图书馆阅读推广的研究未形成核心作者和较多的高产机构，且作者之间和机构之间的合作研究比较低，合作研究成果较少。

（四）从2010年到2021年所发表的论文，被基金资助的数量较低，只有273篇论文，占比8.39%，有较大的提升空间。

第三节　地方文献与阅读推广

在"全民阅读"大背景下，有关地方文献的阅读推广也逐渐被重视和关注，为更好了解有关地方文献的阅读推广情况，通过中国知网学术期刊库检索与地方文献阅读推广有关的研究论文，并对检索到的数据进行分析，为地方文献的阅读推广工作提供参考。

一、数据统计分析

（一）发文量

发文量可以作为研究地方文献阅读推广的一个重要指标，通过发文量可以看出每年的研究状况。图1是以"地方文献"和"阅读推广"为检索词，检索范围为篇关摘，文献类型为期刊，发表时间截止到2021年12月31日，共检索到71篇论文。从图中我们可以看到，有关地方文献的阅读推广研究是从2011年开始，从2011年开始，有关的研究是呈现稳步增长趋势，2011–2016年期间发表的论文保持在1–3篇（2012–2014年没有发表的论文）；2017–2021年期间发表的论文保持在12–20篇（2019年发文有点低，发文9篇），到2021年达到高峰，表示有关地方文献的阅读推广研究在持续增加，研究成果也在不断出现。

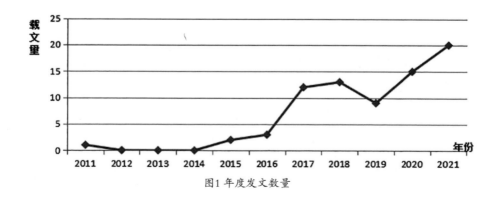

图1 年度发文数量

（二）期刊分布

期刊作为学术论文交流的重要载体，它的载文量也是作为某一研究实力的定量分析方法。从发表有关地方文献阅读推广的来源期刊来看，如图2所示，《河南图书馆学刊》《河北科技图苑》载文量最多，共载文10篇，占比14.1%，说明这两种期刊对有关地方文献阅读推广关注度比较高，其次是《图书馆界》和《经济师》，分别载文3篇，再有就是《图书馆杂志》《图书馆工作与研究》《图书馆》《图书馆研究》《传媒论坛》《内蒙古科技与经济》《办公室业务》这7种期刊，载文量都是2篇，其他期刊载文量都是1篇。通过进一步分析，这71篇文献发表在核心期刊和中文社会科学引文索引（CSSCI）上共10篇，占比14.1%。

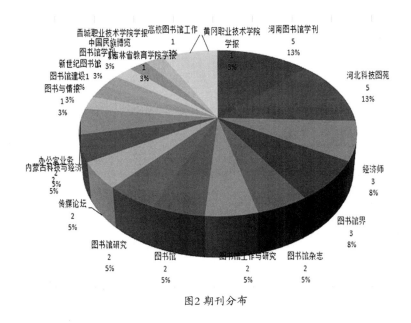

图2 期刊分布

（三）作者分布

通过图3可以看出，发文量较高的作者不是太突出，最多只有发文2篇的作者，发文量为2篇的作者共有7位，其他作者都是发文1篇，说明关于地方文献阅读推广研究的高产作者还未形成，通过中国知网检索的数据也可以了解到作者间的合作研究比例比较低，合作研究发文量不高。

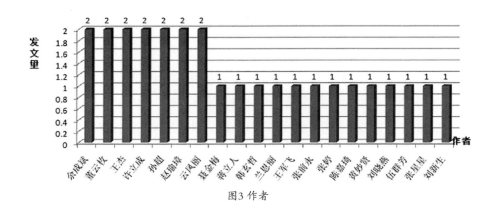

图3 作者

（四）机构分布

通过图4可以看出，发文的机构主要来自高校和公共图书馆，其中六盘水师范学院、广州图书馆、佳木斯大学发文较多，发文量为5篇，吉首大学、德州学院、南京大学、湖南省郴州市图书馆、辽宁省图书馆次之，发文量为2篇，其他高校和公共图书馆发文都在1篇。

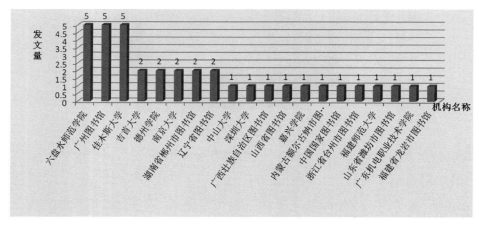

图4 机构分析

（五）基金分布

我们知道一般有基金项目的论文，其价值和水平普遍比较高，也显示了作者的研究水平。根据图5 我们可以看出，在检索的71篇文献中，只有1篇论文被国家社会科学基金资助，4篇是省部级基金资助，1篇是校级科研项目资助，说明在该领域被基金资助发表的论文数量较少。

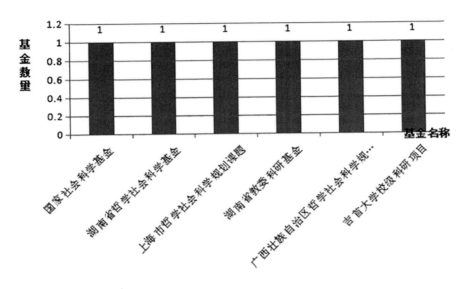

图5 基金

二、结论

通过中国知网检索的关于地方文献阅读推广的期刊论文，可以得出：

（一）从2011年到2021年这11年的关于地方文献阅读推广的论文，总体是一个上升趋势，但是总体发文量不是很高，有较大的提升发展空间。

（二）截止到2021年关于地方文献阅读推广的高产作者偏少，最多的作者也是发了2篇论文，发表1篇论文的作者较多，且在核心期刊和中文社会科学引文索引（CSSCI）上发表的论文较少。

（三）发表的论文被基金资助的数量较少。

下编　案例部分

第三章　德州高校与新华书店阅读
推广案例赏析

第一节　德州学院图书馆案例

德州学院图书馆于1971年建立，是德州区域最大的文献信息中心，是校园文化和社会文化建设的重要基地。图书馆经过50年的建设和发展，已形成较为完善的服务教学科研和当地经济社会发展的藏书体系和服务模式。近年来，图书馆已经把社科普及和阅读推广工作纳入年度工作计划，充分发挥示范引领作用，在学校和所在地区开展了一系列阅读推广活动，获得"山东省高等学校图书馆管理先进集体""山东高校三八红旗集体""山东省古籍保护工作先进单位""德州市全民阅读示范基地"等荣誉称号。

2016年以来，图书馆在文化建设理念确立和阅读推广等方面有突破性进展。图书馆确立了"读书修身，崇学明德"的馆训；确立了"引启科学智慧，涵养人文精神"的文化建设总原则；在这些理念的指导下，建立了融展览、宣传、活动为一体的书香展厅；建立了融展览、教育、资料保存为一体的网上展厅；建设了集收藏、展览、学习、交流和研究为一体的公共文化教育场所——桑恒昌文学馆；开展了"繁露真人图书馆""崇仁读书会""传承经典，笔墨接力"万人抄书等阅读推广特色活动，举办了"弘扬优秀传统文化"等主题书展，在文化育人开展阅读推广方面取得长足进步。本节对德州学院图书馆开展的阅读推广活动案例进行探讨。

一、书香展厅

（一）概况

2016年12月6日，为更好地弘扬先进传统文化，发挥图书馆在学校科学研究、人才培养、社会服务和文化传承创新中的作用，图书馆建立了"书香展厅"。"书香展厅"由展厅书展活动、网上展厅活动和"传承经典　笔墨接力"万人抄书活动三部分组成。展厅位于图书馆二楼大厅南侧，厅内配有阅览桌椅，并设有电子展播机、电子书借阅机、阅报机等数字化设备，可以为读者提供参观、讲解、阅览、咨询等多种服务。

图书馆依托书香展厅这一平台，凭借文献资源和文化传播的优势，聚焦"新时代"，通过主题书展、新书展、读书交流、书展参观、书展解说等多种主题活动，持续开展优秀传统文化教育、爱国主义教育、社会科学普及教育等阅读推广活动，同时还开展了馆员荐书活动，将优质藏书以经典推荐、新书推荐和馆员推荐的方式推送给读者，深受读者的喜爱，营造了浓郁的书香氛围。

实景照片如图3-1所示：

图3-1 书香展厅

（二）活动目的与意义

书香展厅活动是图书馆强化服务意识，增强育人职能的重要举措。书香展厅将图书馆藏书以多种方式推荐给广大师生，以主题为引领，传播书中文化知识，让师生能够方便快捷地了解与主题相关的一系列文献，方便师生开展集体阅读，为互动交流等阅读活动提供便利，在全校范围内推广阅读理念，培养阅读习惯，提高阅读能力，营造爱读书、读好书的书香校园。

（三）书香展厅主题书展活动

书香展厅原则上每年举办四期主题书展活动，采取线上线下相结合的方式，分为实体书展和网上书展。书展主题主要宣传和弘扬源自中华民族五千多年文明历史所孕育的中华优秀传统文化，继承和发展中华民族在建设、改革中所创造的革命文化和社会主义先进文化。书香展厅自2016年12月开放以来，开展了一系列主题书展活动，截至2021年7月，共举办"学四书五经　长经世智慧""诵诗书曲集 展国学魅力""弘扬地域文化 共筑精神家园""揽德州作家 赏本土文学"等17期主题书展活动。

书香展厅17期书展主题如表3-1所示。

表3-1：书香展厅17期书展主题表

序号	举办时间	书展主题	主办单位
1	2016年12月6日－2017年1月6日	"品读红色经典，筑梦新的长征路"——纪念红军长征八十周年	宣传部、团委 教务处 学生处、图书馆
2	2017年3月1日－2017年4月30日	"学四书五经 长经世智慧"——国学经典系列书展	宣传部、团委 教务处 学生处、图书馆
3	2017年5月1日－2017年7月10日	"悦读史学经典 历练厚重人生"——国学经典系列书展	宣传部、团委 教务处 学生处、图书馆
4	2017年9月1日－2017年10月31日	"读诸子百家 承千年精粹"——国学经典系列书展	宣传部、团委 教务处 学生处、图书馆

序号	举办时间	书展主题	主办单位
5	2017年11月1日－2018年1月8日	"诵诗书曲集 展国学魅力"——国学经典系列书展	宣传部、团委 教务处 学生处、图书馆
6	2018年3月5日－2018年4月30日	"弘扬地域文化 共筑精神家园"——德州地方文献系列书展	宣传部 图书馆 德州地方文献研究中心
7	2018年5月1日－2018年7月16日	"揽德州作家 赏本土文学"——德州地方文献系列书展	宣传部 图书馆 德州地方文献研究中心
8	2018年9月1日－2018年11月30日	"品德院书香 展我校风采"——德州地方文献系列书展	宣传部 图书馆 德州地方文献研究中心
9	2018年10月31日－2019年1月8日	"改革铸就新时代，书香献礼新征程"——庆祝改革开放40周年主题文献展	图书馆 宣传部 德州地方文献研究中心
10	2019年3月1日－2019年4月30日	"缅怀抗战先烈 弘扬爱国精神"——抗日战争主题书展	图书馆 宣传部 德州地方文献研究中心
11	2019年5月1日－2019年7月10日	"高举五四火炬 争当时代先锋"——五四运动主题书展	图书馆 宣传部 德州地方文献研究中心
12	2019年9月16日－2019年10月31日	"辉煌七十年 奋进新时代"——庆祝中华人民共和国成立70周年主题文献展	图书馆 马克思主义学院
13	2019年11月1日－2020年1月10日	"走进新时代，谱写新征程"——经典系列图书展	图书馆、宣传部、德州地方文献研究中心
14	2020年9月7日－2020年10月30日	"弘扬民族精神 奉献火烈青春"——鲁迅与《新青年》主题文献展	图书馆、宣传部、德州地方文献研究中心
15	2020年10月31日－2020年12月31日	"德州学院师范认证之图书馆资源"——教育类主题书展	图书馆

序号	举办时间	书展主题	主办单位
16	2021年3月1日－2021年4月30日	"传民族精神 扬青春风采"——五四运动主题书展	图书馆、德州地方文献研究中心
17	2021年5月1日－2021年7月10日	"铭记光辉历史 传承红色基因"——庆祝建党100周年主题书展	图书馆、德州地方文献研究中心

1. "学四书五经 长经世智慧"——国学经典系列图书展

（1）书展简介

为认真贯彻落实中共中央、国务院有关传承中华优秀传统文化文件精神，让全校师生认识和学习中国传统文化的经典著作，2017年3月，学校党委宣传部、团委、教务处、学生处和图书馆联合举办了"学四书五经 长经世智慧——国学经典系列主题书展活动"。

本次主题书展选取十三经及相关著作作为展览的主要内容。"十三经"是十三部经典的合称，是中国传统文化的核心经典著作，其内容涵盖天下为公的大同理想、以民为本的治国原则、自强不息的奋斗精神、重视德操的修身境界等许多方面，这些思想精神已经渗透在中华民族的性格与心理之中，具有强大的凝聚力，被视为中国古代文化的优秀代表。

本次书展共展出有关十三经主题的图书260种左右，内容涉及《诗经》《尚书》《周礼》《仪礼》《礼记》《周易》《左传》《公羊传》《谷梁传》《论语》《尔雅》《孝经》《孟子》等。

传统文化是我们与古人的沟通桥梁。研读中国传统文化的经典书籍，可以激发青年学生的爱国热情和民族自豪感，继承和发扬中华民族传统美德，让中国传统文化在新时期焕发更加夺目的光彩。

（2）部分展出书目

本次书展展出书目表3-2所示。

表3-2：本次书展部分展出书目

序号	索书号	正题名	责任者	出版社	出版日期
1	I207.2/44	诗经讲演录	姜广辉 邱梦艳著	中国社会科学出版社	2016年
2	K225.04/38	春秋左传今读	张惠民著	南开大学出版社	2013年
3	B222.25/15	论语的智慧	轩辕楚主编	中国戏剧出版社	2008年
4	B823.1/53	孝经贯注	（明）瞿罕撰	广陵书社	2013年
5	H131.2/6	尔雅	顾廷龙 王世伟著	中国国际广播出版社	2011年
6	K221.04/2	尚书	王世舜 王翠叶译注	中华书局	2012年

（3）活动照片

本次活动照片如图3-2所示：

图3-2 活动海报

2. 德州地方文献经典系列图书展

地方文献是一个地区文化发展的缩影与积淀，是当地文化的精神内核，已成为大学生借鉴和完善发展经济建设，构建高水平地方大学的一种便捷手段。

德州历史悠久，人文荟萃，拥有丰富的地方文献资料。德州学院图书馆在为学校教学科研服务的同时，也肩负着挖掘、保存地方文献和传承本土文化的历史使命。因此，学校图书馆在2015年专门成立了德州地方文献整理中心，致力于德州地方文献的收集、整理与开发利用，并面向广大师生开放。

为了坚定文化自信，推动地方文化繁荣，让更多读者发现、挖掘并利用德州地方文献，激发读者进一步了解德州、热爱德州、建设德州的情感，有效地推动德州地方文献阅读推广工作的深入开展，宣传部、图书馆、德州地方文献研究中心共同举办了德州地方文献系列书展。

（1）"弘扬地域文化 共筑精神家园"——德州地方文献系列展之一

2018年3月5日至4月30日，图书馆举办了第一届"德州地方文献展"阅读推广活动。本次书展选取部分德州本土作家，如：邓广铭、王浩、孟庆华、周克庸、吴建中等的作品作为展览的主要内容，共展出地方文献书籍240余册，包括哲学、历史、地理、政治、经济等多个大类，从历史和现实的角度展现了德州自然资源、社会经济、人文风俗等多个方面。

本次书展部分展出书目如表3-3所示:

序号	索书号	正题名	责任者	出版社	出版日期
1	D924.392/1	商业贿赂犯罪司法解释的适用问题研究	孟庆华 著	科学出版社	2014年
2	E892/47	中国历代兵法	任继愈 主编	商务印书馆	1996年
3	F274-39/5	企业网络营销实战宝典及决胜攻略	王浩 著	北京时代华文书局	2015年
4	G25/39	21世纪图书馆展望	吴建中 编著	国家图书馆出版社	2013年
5	K092/38	百科名家中国史	邓广铭 著	中国大百科全书出版社	2014年
6	K825.6/740	戏看人间	杜书瀛 著	作家出版社	2014年

活动照片如图3-3所示：

图3-3 活动海报

（2）"揽德州作家，赏本土文学"——德州地方文献系列展之二

近年来，德州的文学创作呈现良好的发展趋势，广大作家深入生活、广泛积累素材、创作了许多文学作品。据不完全统计，近二十年来，德州作家共创作出版长篇小说、小说集、散文集、诗集等400余部，作家本人以及文学作品荣获省部级以上的文学奖励达140多项。

研读德州地方文献，能够激发读者与德州作家的情感共鸣。为了让更多读者能够真正体会到德州本土作家文学作品的价值所在，珍惜阅读文学作品，激发广大师生对德州本土文学作家作品的热爱之情，德州学院图书馆于2018年5月1日至7月16日举办了第二届"德州地方文献展"阅读推广活动。

本次主题书展选取部分德州本土作家，如：桑恒昌、季桂起、杜书瀛、刘金忠等的文学作品作为展览的主要内容，共展出书籍约220册。

部分展出书目如表3-4所示：

序号	索书号	正题名	责任者	出版社	出版日期
1	I227. 2/11	爱之痛	桑恒昌著	百花文艺出版社	1993年
2	I247. 5/22	谁为你在雨中哭泣	邢庆杰著	作家出版社	2006年
3	I247. 52/103	长河谣	季桂起著	四川人民出版社	2014年
4	I207. 209/57	现代汉诗的百年演变	王光明著	河北人民出版社	2003年
5	K827. 7/360	昨天的公仆	刘金忠著	中国青年出版社	1999年
6	I267. 4/113	坐在汽车上看美国	杜书瀛著	作家出版社	2015年

表3-4 本次书展部分

活动照片如图3-4所示：

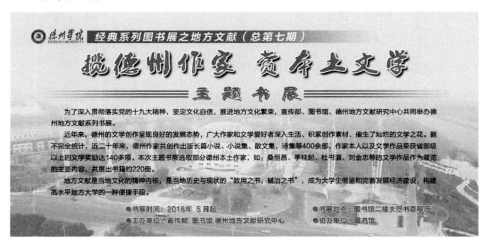

图3-4 活动海报

（3）"品德院书香　展我校风采"——德州地方文献系列展之三

德州学院有着五十年的办学历史，人才辈出，成就斐然。为彰显学校立德树人成就，充分展示学校教师的学术风采，促进广大读者了解德州学院历史，弘扬德州学院精神，增强爱校荣校意识，达到宣传教师、激励学生，促进学风建设的目的，2018年9月，图书馆、宣传部、地方文献研究中心共同举办了第三届"德州地方文献展"阅读推广活动。

目前，学校图书馆已收集学校教师、校友著作600余册。包括教育，文学，政治，经济、艺术等十几类。此次主题书展选取了部分德州学院作家，如：季桂起、朱秀英、蒋慧等的作品作为展览的主要内容，包括文学，教育，管理等几个大类，共展出书籍约220册。主要书目有《长河谣》、《高等学校管理创新研究》《唐诗宋词述要》《在诗里遇见爱情》《汉字与上古文化》《尔雅》《数学学习方法概论》等。

以本校教师著作为主的地方文献，充分展示学校教师的学术风采和科研成果，增强了广大师生的自豪感和荣誉感。

部分展出书目如表3-5所示：

序号	索书号	正题名	责任者	出版社	出版日期
1	I206/200	批评的不安与自信	季桂起著	作家出版社	2004年
2	I206/180	体验批评：新时期文学与影视评论	胡俊海著	作家出版社	2006年
3	G647/56	高等学校管理创新研究	朱秀英著	中国国际广播出版社	2016年
4	G40-05/13	现代作家和教育	翟瑞青著	辽宁人民出版社	2000年
5	G806/26	体育运动与现代健康观	蒋慧著	中山大学出版社	2005年
6	I206/259	文学中的性别意识与审美表现形态	姜山秀著	山东文艺出版社	2013年

活动照片如图3-5所示：

图3-5 活动海报

3. "缅怀抗战先烈 弘扬爱国精神"主题展

在中华人民共和国成立70周年之际，为了缅怀革命先烈的丰功伟绩，弘扬维护世界和平的爱国主义精神，实现中华民族的伟大复兴，2019年3月，图书馆、宣传部、德州地方文献研究中心共同举办"缅怀抗战先烈 弘扬爱国精神"抗日战争主题书展。

本次主题书展选取了抗日战争的相关著作作为展览的主要内容，共展出了抗日战争相关著作的图书240多种，内容涉及《抗日战争史话》《中国民众抗战画史》《保卫华北的游击战》《抗日战争正面战场》《中国抗日战争全景录》《金钱与抗日战争》《重读抗战家书》等。

研读有关抗日战争的书籍，让读者重温那段激情燃烧的"红色历史"，深刻领悟抗日战争精神内涵，激励青年读者继续不懈奋斗、与时俱进、面向未来，共同描绘中华民族的新篇章。

活动照片如图3-6所示：

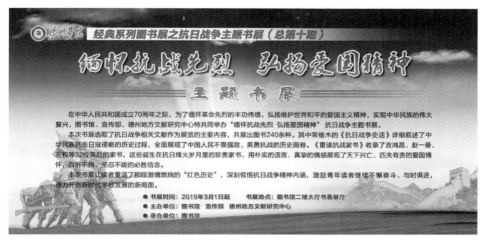

图3-6 活动海报

4. "辉煌七十年 奋进新时代"主题展

为庆祝中华人民共和国成立70周年，让广大师生更好地了解新中国在政治、经济、文化、社会等方面的发展历程和辉煌成就，2019年9月，图书馆和马克思主义学院共同举办"辉煌七十年，奋进新时代"——庆祝中华人民共和国成立70周年主题文献展。

此次主题展分"真理之光""光辉历程""伟大成就""时代楷模""辉煌德州""国庆典藏"六个板块。主要展示:马克思主义中国化的理论成果、中华人民共和国的光辉历程、新中国成立以来，特别是改革开放以来在各方面取得的辉煌成就、在新中国发展历程中各条战线涌现出英雄人物和楷模、德州的历史发展成就和历年国庆庆典典藏资料。

此次主题文献展采用纸质书展和电子文献展览相结合的形式，共展出文献资料500余种，其中，收集了反映新中国成立后成就的馆藏精品图书220余种、报纸合订本27册，另有《中国知网–中国党建期刊文献总库》和歌德电子阅读机庆祝新中国成立70周年专题的电子图书近240种。展现和宣传新中国成立以来、特别是改革开放以来的光辉历程和取得的辉煌成就，表达对党和祖国的无限祝福。研读这些文献，能够激励广大师生统一思想、坚定信念，不忘初心、牢记使命，为建设伟大而强盛的国家而奋斗，为实现中华民族伟大复兴的中国梦而奋斗。

活动照片如图3-7所示：

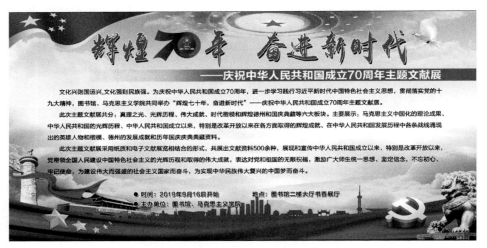

图3-7 活动海报

（四）书香展厅系列之读书沙龙活动

读书沙龙活动为阅读推广和读者互动搭建了新平台，活动具有形式自由、互动充分等特点。读者在活动中通过互动，可以获得丰富的信息和感悟。图书馆围绕主题书展，以本校各院读书会成员和学生志愿者为主体、图书馆工作人员为辅助，在书香展厅开展了形式多样的读书沙龙活动，如：好书推介活动、书评活动和专题读书交流活动等。

1. "书香浓情，你我同行"——好书推介活动

为了引导广大在校大学生多读书，读好书，形成读书热潮，更加了解当地文化，丰富人文精神，培养文化人格，提高大学生素质，2018年图书馆书香展厅举办了"书香浓情，你我同行"——好书推介活动。

5月25日下午，图书馆邀请了历史学院的学子们来到展厅参观，阅览德州地方文献，体会读书的意义。同学们按时来到图书馆书香展厅。首先由老

师介绍了本期主题书展以及新书展的内容，然后由班干部做了详细的解说。同学们听完讲解后，根据自己的阅读兴趣、自身特点，查找相关图书进行阅读。在此过程中，同学们积极与图书馆老师进行交流，当被问到对这些书的感受时，同学们表示，当代大学生更应该多多地阅读这样的好书，这些书对他们的成长更有意义。有几个在展厅阅读地方文献的同学感慨到，他们以前从来都不知道德州有这么浓厚的历史文化，有这么多优秀的作家作品。同学们认真阅读之后给自己喜欢的图书写出了精彩的书评。他们说这样就可以让更多的读者去选择这本书。

通过此次活动，同学们更好地了解到德州悠久的历史文化及人文精神，同时也培养了学生们的人文素质，促进了同学们对阅读的热爱。

活动照片如图3-8所示：

图3-8 活动现场

2. "不忘初心，砥砺前行"——庆祝新中国成立七十周年专题读书交流会

风雨同舟七十载，祖国华诞已到来。2019年11月6日，图书馆在书香展

厅举办了"不忘初心，砥砺前行"——庆祝新中国成立七十周年读书交流活动。读者认真读书，有序发表自己的读书感悟，深切感受到读者在读书中受益匪浅。

本次活动交流书目主要有《中国进入世界舞台中心》《中国共产党对外交往90年》《不忘初心 走向复兴》《21世纪中国的马克思主义》等。

通过阅读《不忘初心 走向复兴》这本书，使读者了解到党的十八大以来党和国家事业取得的历史性成就和历史性变革，更加深入的把握习近平新时代中国特色社会主义思想的科学体系和丰富内涵。不禁感叹国家的强大和祖国的日益繁荣。而《21世纪中国的马克思主义》则让读者对党的十九大报告的哲学思想有了了解，从哲学角度解读了中国道路、中国制度，阐述了中国特色社会主义道路的历史必然性和科学创新性，诠释了中国特色社会主义文化的基本内涵和使命。让读者感悟到新时代青年要不忘初心，牢记使命，坚定不移，砥砺前行。

此次阅读交流活动，同学们都受益颇多，从多方面受到启迪，认识到作为祖国的一分子，新时代的青年，要树立正确的人生目标，坚定正确的理想和信念，为祖国的发展贡献自己的一份力量！

活动照片如图3-9所示：

图3-9 读书交流现场

（五）书香展厅系列之"传承经典 笔墨接力"万人抄书活动

为了让广大读者在读书中感受学习的快乐，养成良好的读书习惯，德州学院图书馆从2018年起特开展以"传承经典 笔墨接力"为主题的万人抄书接力活动，用抄书这种古老的方式让读书的节奏慢下来，用一笔一画去感受字里行间的万种风情。

活动面向全校师生，积极传承三类经典文化。一是面向广大教职员工，开展"革命经典红诗《毛泽东诗词选》"接力抄书活动，积极传承革命文化；二是面向广大教师读者，开展"传统经典古诗词《唐诗宋词元曲》"接力抄书活动，大力传承中华优秀传统文化；三是面向大学生读者，开展"地域文化经典诗词《桑恒昌怀亲诗选》"接力抄书活动，主动传承地域文化。

活动前通过网站、新媒体进行广泛宣传，抄书过程中，抄书的长短由笔者自己决定，可以仅写一段，也可以抄写几页。抄写内容要连贯，从上一位笔者结束的位置开始抄写，不能跳跃抄写；欢迎有兴趣的笔者绘制符合图书意境，内容健康向上的插图；笔者请在抄写的作品之后写下自己的名字、学号、院系以及抄写的日期，也可在所抄写的内容下方写下自己的感受或者寄语；抄写完成的笔记将作为特别馆藏在书香展厅展出。

活动启动后，受到了广大师生和书法爱好者的欢迎，大家踊跃报名参加。抄书活动的举办是弘扬中华文化、传承中华文脉的又一生动实践。

活动照片如图3-10 3-11所示：

图3-10 活动场景　　　　　　　　　　图3-11 活动抄写笔记

（六）书香展厅——网上展厅

为了宣传中华优秀传统文化，弘扬党和人民在各个历史时期奋斗中形成的伟大精神，在广大师生中进行爱国主义，集体主义，社会主义教育，图书馆于2020年6月建立了"网上展厅"。图书馆依托此平台，开展宣传推广活动。

1. 活动内容：

（1）网上展厅原则上每年制作四期活动，主题需提前制定，交馆领导审阅，批准后提前准备素材。展厅以传承、展示中国特色社会主义文化为目的，依托图书馆文化建设系列专题（德州运河文化专题展、影响中国历史的30本书、大美德院、中国古代书院、现代大学制度演变、德州名宿和中国古代藏书楼），设计内容。

（2）做好网上展厅的宣传推广工作。一方面利用图书馆网站、公众号、微信群等媒体方式对网上展厅进行多途径、全方位的宣传和推广，激发读者兴趣，提升读者的审美和人文素养。另一方面，加强网站技术学习，打造"网上展厅"品牌。让"网上展厅"成为弘扬中华传统文化和陶冶读者性情的重要载体，提升图书馆文化建设的感染力和影响力。

2. 网上展厅活动案例

网上展厅重点宣传中国优秀传统文化和在革命、建设、改革中创造的革命文化和社会主义先进文化，截至2021年底，共举办"国家荣誉称号获得者"图片展、"致敬抗疫英雄 弘扬抗疫精神"图片展、"中国古代书院"图片展、"抗美援朝70周年"专题图片展、庆祝中国共产党成立100周年艺术文献展等20期内容，是弘扬中华传统文化、陶冶读者性情的重要载体，提升了图书馆文化建设的感染力和影响力。

部分活动栏目和活动照片如图3-12 3-13 3-14 3-15所示：

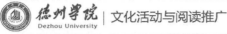

| 首页 | 文化建设 | 书香展厅 | 网上展厅 | 助理中心 |

当前位置：首页 > 网上展厅

网上展厅

· 致敬"两弹一星"元勋 　　　　　　　　　　　　　　　　　　2021-11-05

· 习近平这些话，带你感悟110年 　　　　　　　　　　　　　2021-10-08

· 从这些非凡数字，读懂习近平"七一"重要讲话 　　　　　　2021-09-06

· 致敬"七一勋章"获得者 　　　　　　　　　　　　　　　　2021-08-25

· 庆祝中国共产党成立100周年艺术文献展（第四篇章） 　　　2021-06-03

· 庆祝中国共产党成立100周年艺术文献展（第三篇章） 　　　2021-05-25

· 庆祝中国共产党成立100周年艺术文献展（第二篇章） 　　　2021-05-18

· 庆祝中国共产党成立100周年艺术文献展（第一篇章） 　　　2021-05-07

· 中国共产党人的精神谱系 　　　　　　　　　　　　　　　2021-04-26

图3-12 活动栏目

中国古代书院

作者： 信息来源： 发布时间：2020-10-14

图3-13 活动图片

影响世界的15本图书

作者: 信息来源: 发布时间: 2020-10-26

图3-14 活动图片

抗美援朝70周年图片展

作者: 信息来源: 发布时间: 2020-12-02

1950年，由中华优秀儿女组成的中国人民志愿军，肩负着人民的重托、民族的期望，高举保卫和平、反抗侵略的正义旗帜，雄赳赳、气昂昂，跨过鸭绿江，发扬伟大的爱国主义精神和革命英雄主义精神，同朝鲜人民和军队一道，历经艰苦卓绝的浴血奋战，赢得了抗美援朝战争伟大胜利。伟大的抗美援朝战争，抵御了帝国主义侵略扩张，捍卫了新中国安全，保卫了中国人民和平生活，稳定了朝鲜半岛局势，维护了亚洲和世界和平。

让我们在欣赏艺术作品中，共同铭记抗美援朝战争的艰辛历程和伟大胜利，在新时代继承和弘扬伟大抗美援朝精神。

图3-15 活动图片

二、繁露阅读时空（真人图书馆）

（一）概况

图书馆于2018年4月17日在二期工程一楼尼山书屋正式启用德州学院真人图书馆，即"繁露（阅读）时空"专有（品牌），用于开展阅读推广活动。

真人图书馆（Living Library），是一种阅读理念，是一种通过读者"借"一个活生生的人与之交流，从而获得见识的活动。真人图书馆改变了以往传统的阅读模式，其理念是"每个人的经历本身就是一本书"，相比于传统图书，它提供的"真人书"有丰富的生活经验，即可让借阅者获得所好奇的知识，又能增进借阅者与"真人书"彼此间的了解。

"繁露（阅读）时空"简称繁露时空，是德州学院图书馆打造的为读者服务的文化交流空间（第三空间）。其名称创意来源于德州历史上著名的"董子读书台"（雅称"繁露台"）；其寓意为读者阅读书籍、修身明德的地方；"繁露"字面之意为生机灵动的甘露，可引申为：阅读犹如纯净之甘露滋润人的心田。

繁露时空的定位，即对大学生进行文化素质教育，集活动交流、互动分享、创新创意、展览展示等多种功能为一体。

繁露时空宣传语为阅读智者，分享智慧。阅读与被阅读携手，聆听与被聆听交汇。阅读你我，领略别样人生。

繁露时空嘉宾（真人书）对象包括作家诗人、文化专家、学术导师、博学馆员、特质普通人。

（二）活动目的与意义

1. 真人图书馆里的"图书"都是有故事的活生生的人，是对传统图书借阅模式的一种创新，开启了图书借阅的新模式。

2. 通过搭建这样一个交流的平台，让同学们聆听真人故事，感悟多样人生，丰富见闻，了解社会。

3. 对于供人阅读的"真人图书"，活动的开展便是一次传播知识、分享经验、让更多的人了解自己和自己所代表的社会群体的机会。

4. 通过与"真人图书"面对面的交流与分享，培养学生良好的沟通和理解能力。

（三）活动内容

图书馆邀请有着独特人生经历、生活经历、学有专长的教师、学生以及各界知名学者、社会名人等，作为可借阅的"真人书"，组成"繁露真人图书馆"，以"分享经验，增进交流"为主线，采用一种面对面沟通的形式，实现读者与"真人图书"零距离，借阅"真人图书"的别样人生，实现对读者的榜样引领。

（四）繁露时空活动案例

自2018年4月17日正式启用德州学院真人图书馆即"繁露（阅读）时空"专有（品牌），用于开展阅读推广活动以来，图书馆共举办"遇见：以文字或青春的名义分享阅读的美丽""诗礼传家 书不尽言""品味人生经历 感悟赤子情怀""品诗歌魅力 展诗人情怀""赏书法之美 感诗文魅力"等六期活动。

1. "诗礼传家书不尽言"主题活动

鸿雁寄深情，家书抵万金。通过大力弘扬和践行社会主义核心价值观，深入挖掘中华传统"家"文化中饱含的为人处世、修身劝学、理家育子思想，让"家书"唤起所有人心中对家以及对一切美好的人、事、物的温情。2018年12月4日，图书馆举办"繁露阅读时空"——家书分享交流活动。

交流活动中，6名大学生结合自己的学习、生活情况，围绕"笔尖流露真情，姐妹袒露心声""纸寄思念，字字传情""感谢父母，以笔传情""点滴在心，家书传情""回忆温暖，家书传情"与"叶落，秋思"作了主题交流发言。

本次活动旨在希望莘莘学子用传统而温馨的方式表达浓浓的思亲情，为远方的家人寄去属于自己的一份心意；培养大学生的感恩之心，提升大学生的德育素养，希望大学生能够传承优良的家书文化，继承中华优秀传统美德。

活动照片如图3-16所示：

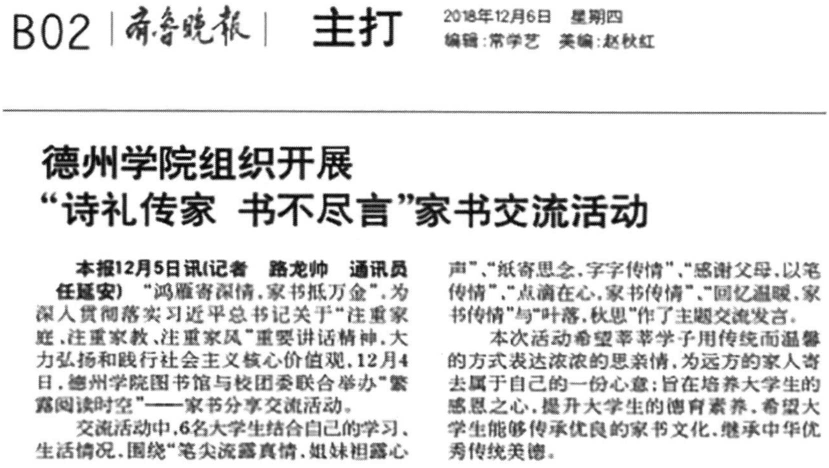

图3-16 活动报道

2. "品味人生经历 感悟赤子情怀"主题活动

为了让同学们更为深入地感受德州地域文化知识，2020年11月19日下午，图书馆在一楼会议室举办了以"品味人生经历 感悟赤子情怀"为主题的"真人图书馆"活动，邀请德州市作家协会副主席李庄老师为本期真人图书，与同学们分享其人生经历和感悟。

李庄，德州市作家协会副主席，自1986年开始写作，代表作有《狮子》《大海》《凝望》等；2008年出版诗集《李庄的诗》，获山东省第二届泰山文艺奖（文学创作奖）；2017年完成长诗《预言》，2018年结集《无人能够阻止玫瑰怒放》，有短诗《今夜》《蚂蚁》《身体清单》被谱曲传唱，部分作品被翻译成英文、俄文。

本次活动，李老师围绕自己的成长故事与人生经历，讲述了自己与诗歌的情缘、对诗歌创作的体会与执着，在活动现场，李老师现场诵读了自己的诗歌，引导学生感受诗歌意境之美。李老师与同学们针对诗歌的创造形式、诗歌主题与思想等进行面对面的交流，鼓励同学们发挥语言的丰富想象力，激发诗歌创作热情。

本次"真人图书馆"的顺利举办，为学校爱诗、写诗的大学生提供了一种全新的借阅体验，引导他们共赏诗歌的魅力，活动对提高大学生的诗歌创作水平和鉴赏能力创造了条件。

活动照片如图3-17所示：

图3-17 真人图书分享诗歌与人生

3. "赏书法之美 感诗文魅力"主题活动

书法不仅是艺术，更是一种文化，一种精神。为积极响应习近平总书记对广大青年的号召，更好地引导高校学生传承中华优秀传统文化，2021年5月15日，图书馆邀请著名书法家薛伟东先生走进德州学院，开展以"赏书法之美 感诗文魅力"为主题的真人图书馆活动。

薛伟东先生以潇洒的草书享誉国内书法界，作为德州学院繁露真人图书馆第六期嘉宾，薛老师向学子们讲述了从临帖到创作的历程、如何掌握草书的书写技巧、理解草书的魅力与欣赏草书的美，并与学子共同探讨书法艺术的学习与传承，对现场的学子书法作品进行了点评，他鼓励青年学子要大量书写，多参加书画展览，提高个人的审美取向和审美眼界。

活动中，薛老师现场挥毫示范技法，书写的作品浓淡干湿、线条有力、张狂不拘、力透纸背、有长有短，并富有节奏感和韵律感，既有先贤的印记，又具有自己的特色，极具艺术化境。

这次活动的成功举办，不仅活跃了学校的校园文化生活，让学子们近距离感受书法艺术的魅力，而且对提升青年学生艺术素养，传承和弘扬好中华民族优秀文化具有重要的现实意义。

活动照片如图3-18所示：

图3-18 真人图书分享书法之美

三、崇仁读书会

（一）概况

德州学院图书馆于2018年11月10日推出"崇仁读书会"阅读平台，"崇仁读书会"名称来源于德州地方早期的书院——崇仁书院。崇仁书院由程绍建于明万历二十六年（1598），是德州城较早的一所书院。

崇仁书院环境幽雅，院内建有泮池、文昌阁、大成殿等建筑。明万历年间，德州知州马明瑞非常重视教育，上任伊始便给德州城的读书人规定了一项制度，即每月在崇仁书院举办一次笔会。笔会上大家各抒己见，咏诗讲学一比高低，对评选出来的优秀文章和诗词，每月编辑一集《崇仁会课》。崇仁书院于清乾隆年间废弃。

图书馆以"崇仁读书会"为平台，将热爱阅读的同学汇聚在一起，开展阅读分享活动，该活动宗旨是：你我一起读书，共同分享阅读感悟，自由畅谈读书体会，在分享与交流中激发认知火花，产生思想共鸣；在沟通中感动，在感悟中收获。阅读书目采用馆藏经典图书，开创了图书馆的阅读新体验，该活动已举办6期。

（二）活动的目的和意义

德州学院图书馆建立崇仁读书会的目的是推动阅读，营造书香校园，提升大学生的阅读兴趣，其意义在于以下四个方面：

1. 充分发挥榜样的激励作用

一方面，读书会的领读人需要长年累月的持续阅读，对自身起到一种内在的激励作用。另一方面，领读者所展现出的深厚知识积累，也从侧面体现出读书的益处，在潜移默化中激励身边的人走进阅读、爱上阅读。

2. 精华解读模块有助于对书中内容的掌握

对于不爱读书的同学来说，精华解读可以帮助他在较短的时间内掌握一本书的主要内容，了解经典著作中的知识和智慧，并运用于自己的生活中，读书会对他而言是一种直接、高效的价值获取方式。对于经常读书的同学来说，精华解读为其提供了全方面、多角度的观点看法，从而形成一种思想的碰撞，有利于更全面客观地把握书中的内容。

3. 更容易找到兴趣相投的朋友

参加读书会的同学，都是爱读书、享受读书的。当你喜欢读书又苦于知音难觅时，加入读书会，可以帮你认识兴趣相投的朋友，共同分享在阅读中获得的感悟和快乐。

4. 可以弥补自己的短板

每个人所涉猎的知识范围是有限的，而读书会所分享的书籍涵盖了哲学、政治、经济、文学、艺术等多个学科领域，很多领域是你从未涉及的，通过读书会可以让你对不同领域的知识有一个基本的了解，能很好地帮助自己进行自我通识教育。

（三）活动内容

崇仁读书会定期举办读书分享交流活动，每次活动前会制定阅读书目，指导大家进行阅读。阅读书目可以由阅读推广人进行选择，也可以由崇仁读书会定期制定。每期读书会自发布分享主题开始，即在QQ群里展开围绕该主题的话题讨论，一直延续到下一主题发布。在QQ群的交流中，读书会团队的成员会随时记录下同学们的阅读喜好，根据这些记录，掌握大家的阅读动向，借此拟定下一步的分享主题以及该主题的阅读推广人选。

（四）崇仁读书会活动案例

1."分享阅读故事，有效阅读图书"活动

最是书香能致远，常吟清词愈馨香。一本好书，可以获取知识，也可以慰藉心灵；一本好书，可以体味人生，也可以健全人格。与书为伴、与书为友，让阅读点亮我们的生命。

为推动阅读，营造书香校园，营造良好的阅读氛围，2018年12月25日，图书馆崇仁读书会举办了"分享阅读故事 有效阅读图书"第一期阅读分享交流活动。

本次阅读交流活动由文学与新闻传播学院翟兴娥教授给大家分享她的阅读之路、阅读体会，阅读推广人郭静轶同学向大家推荐《如何有效阅读一本书》。通过阅读交流分享，使大家对阅读有了新的认识和体会，激励大家要在今后的阅读过程中养成良好的阅读习惯，让知识真正做到为我所用。

活动照片如图3-19所示：

图3-19 分享阅读

2. "快乐阅读，梦想飞扬"活动

图书馆于2019年5月7日在C座崇仁读书会工作室举办"快乐阅读 梦想飞扬"第二期读书会活动。

本次活动以路遥的《平凡的世界》为研讨主题。通过分析人物复杂的矛盾纠葛，全景式地表现了中国当代城乡社会生活。活动现场，读者先一起了解了作者路遥的人生经历，然后就《平凡的世界》的内容及创作意义进行了交流研讨。

读者通过分享阅读感受，对本书有了进一步的认识和理解，并纷纷表示要把书中展现的积极向上的精神应用到自己的学习和生活中，努力学习，积极阅读。

活动照片如图3-20所示：

图3-20 快乐阅读

3. "阅读经典，分享体验"交流活动

2020年11月17日，图书馆在博文借阅中心举办了"阅读经典 分享体验"第三期崇仁读书会交流活动。本次活动以陈忠实的长篇小说《白鹿原》为研讨主题，阅读推广人、读书会成员及部分学生参加了本次阅读分享交流活动。

活动中，阅读推广人向读者推荐图书《白鹿原》，从作者、内容简介、故事情节和人物形象等方面进行了简单的梳理，并对作品的时代背景和所反映的社会现实进行了解读。随后读书会成员与大家分享了阅读体会和感受。通过多角度、多方面的交流让大家理解了这部作品所表达的深层含义，对这部作品的认识进一步加深。

本次阅读分享交流活动的开展，既让大家理解了这部作品，又激发了大家的阅读热情，同学们纷纷表示要带着本次交流的体会，继续阅读这部作品，深刻理解其表达的社会内涵。

活动照片如图3-21所示：

图3-21 阅读经典

4. "品读古代文学经典 弘扬优秀传统文化" 交流活动

为了让学生更好地汲取智慧和营养，完善人格修养、提高道德品质，成为有责任心有担当精神的新青年。2021年5月18日下午，图书馆在崇仁读书会活动室举办了"品读古代文学经典 弘扬优秀传统文化"为主题的阅读分享交流活动。

古典文学名著《水浒传》经过数百年的传播，其故事、人物、观念乃至语言都已渗透到民族文化与现实生活中，有着深远的文化影响力。阅读推广人向读者推荐图书《水浒传》，从作品的成书、作者、版本和主旨等方面进行了较为全面的梳理，就如何阅读古典文学名著、作品，以及其在成书和传播过程中所涉及的相关信息和作品复杂版本情况做了解读。随后读书会成员与大家分享了阅读体会和感受。通过多角度、多方面的交流让大家理解了这部作品所表达的深层含义，对这部作品的认识进一步加深。

通过阅读分享交流活动，使同学们了解了伟大的古典文学名著的文学地位和广泛影响，也激发了同学们对古典文学的阅读热情。

活动照片如图3-22所示：

图3-22 分享经典

四、桑恒昌文学馆

桑恒昌先生是德州武城人，当代著名诗人，中国"怀亲诗"奠基人。为了表达对家乡大学的挚爱之情，桑恒昌先生决定把自己的珍贵藏品捐赠给德州学院。桑恒昌先生的诗作和藏品具有很高的艺术文化价值和深远的精神传承意义。同时，为进一步助推德州学院区域文化高地建设，将地方文献工作创出特色，做出水平，提高在同类院校中的竞争地位，更好地服务教育教学科研工作，在服务地方工作中发挥更大作用，在尊重桑恒昌先生的个人意愿的基础上，由德州学院图书馆负责接收桑恒昌先生捐赠的藏品，并建立校级非行政性场馆类机构——桑恒昌文学馆。

（一）桑恒昌文学馆概况

2017年，为支持文学学科发展和家乡的文化建设，桑恒昌先生将收藏的书刊、剪报、书籍、字画等15000余件无偿捐赠给德州学院。2018年1月，德州学院决定设立桑恒昌文学馆，由著名诗人贺敬之题写馆名。2019年9月落成，9月19日，"桑恒昌文学馆"正式在德州学院举行开馆仪式，德州学院院长赵胜村、中国诗歌学会副会长程步涛为其揭牌。

桑恒昌文学馆是一个集收藏、展览、学习、交流和研究为一体的公共文化教育场所。文学馆位于德州学院图书馆A座一楼。面积600平方米，由展览馆、研学中心和藏品室三部分组成，展览馆包括圆厅、环厅和四个展厅。桑恒昌研学中心，即为接待室、多媒体研学室，具有接待来宾、学术研究、交流的功能。桑恒昌藏品室，主要收藏桑恒昌赠品15000余件，包括图书、期刊、字画、书信、照片、剪报等，同时也收藏德州名人著作及其其他相关文献。文学馆面向社会免费开放、提供参观交流和学术研讨活动。

（二）桑恒昌文学馆的主要功能

"桑恒昌文学馆"设立，旨在加强德州学院文学学科发展和地方的文化建设，是德州学院图书馆开展地方文献阅读推广的一个重要案例，其功能主要包括四方面：

一是保护藏品。通过对藏品的分类整理，做好藏品的开发与利用工作。

二是文化交流。通过开展诗歌朗诵、诗韵校园、墨宝书香、名家讲座、明德讲坛、文人笔会等活动，弘扬传统文化。

三是培养教育。开设桑恒昌诗歌赏析课，打造崇贤敬亲教育基地，助推大学生成长成才。

四是学术研究。开展我国新时期意向抒情诗学术研究。打造中国怀亲文学研究高地，呈现全国乃至国际上独具特色的学术亮点。

（三）桑恒昌文学馆介绍

文学馆建筑面积约600平方米，目前对外开放的部分为一期工程（约360平方米），由圆厅、环厅和内厅三部分组成。

1.圆厅

圆厅内共有七块墙面展示，由形象墙和六块墙体组成，以形象墙为中心顺时针方向共展示31首诗歌，主要用图版和文字对桑恒昌的怀亲、家国情、友情爱情、人生四种题材经典诗歌依次进行展示，打造诗意空间。

圆厅实景照片如图3-23所示：

图3-23 圆厅实景照片

（1）形象墙：

展示了桑恒昌肖像照一幅和简介部分。

（2）第一面展墙：

展示了两首怀亲诗歌，分别是《星光下》和《致父母》（中英对照），英译部分由西北大学外国语学院院长胡宗锋团队完成。

（3）第二面展墙：

展示了五首怀亲诗歌，分别是《筷子》《卧成一座大山》《心葬》《除夕之忆》（中英对照）和《父亲的汗》，以及桑恒昌2010年回乡留影的两张照片。

《心葬》这首诗用感情的重锤敲击着读者的心灵。诗人用土葬、火葬、水葬几种意象的反复，把无可奈何的痛苦、呼天抢地的悲哀，表达的无以复加，只有"心葬"才稍可使灵魂安静。这是诗人根源于爱，从巨大痛苦中产生的诗。

看这首《卧成一座大山》，诗人驻足青藏高原，面对冷月边关，听到了当年自己送别母亲的哭喊。离乡万里，时空变换，惟独念母亲的情思有增无减。

（4）第三面展墙：

展示了七首怀亲诗歌，分别是《陶器》《看地图》《中秋月》《天上有月》（中英对照）《老屋》（英译）《蚯蚓》和《一个老兵的歌》，还展示了一张桑恒昌2010年回乡留影照片。

《一个老兵的歌》这首诗表达了诗人作为一名军人的荣耀之情和对祖国深沉的热爱。诗人曾在青藏高原当兵，几次靠近了死亡的边缘，一次，他和战友经过唐古拉山山顶时，暴风雪突然大作。有些车辆抛了锚。桑恒昌下车察看，差点被狂暴的风雪卷走，幸亏连长把他拽上车。桑恒昌曾说那时稍不留意，就会被死神拉走。时过多年，他仍然魂牵梦绕着那片高原，怀念那段军旅时光。

（5）第四面展墙：

展示了四首家国情诗歌，分别是《攥着我的半个祖国》《船行黄河入海口》《眉宇之间》和《大运之河》。

（6）第五面展墙：

展示了五首友情爱情诗歌，分别是《自己的万里江山》《赠诗人郑玲大姐》《栽一片相思林》《痛》（中英对照）和《鱼化石》，另外还展示了三张照片，分别是和德国报告文学作家兰道夫、和诗人舒婷、和表演艺术家薛中锐的合影，是桑恒昌社会交往的缩影。

薛中锐是中国著名表演艺术家。桑恒昌和薛中锐是煎熬着春秋、蒸煮着心灵结交的好朋友。在2013年国庆期间，75岁的薛中锐先生在济南大明湖举办了书法艺术展，桑恒昌写了这首《自己的万里江山》祝贺。

《栽一片相思林》是桑式情诗的代表作。这首诗被收进大型诗歌总汇《主潮诗歌》。这部巨书选编了古今320位诗人的上千首精品，堪称中国诗书之最。

（7）第六展墙：

展示了八首人生题材诗歌，分别是《写诗（之一）》《窑变》《自审》《打铁》《读史》《天空》《冰心老如是说》和《拜托了，蚂蚁兄弟》，以及一张桑恒昌在北京大学举办诗歌朗诵会的照片留影。

2007年12月8日23时，中央人民广播电台演播大厅里灯火阑珊，由文艺部主持的"文学专题"大型演播节目——《苦难熬成诗意人生——介绍诗人桑恒昌》开始广播，历时60分钟。桑恒昌用诗歌不断追忆着往昔，为的是化作"三分柔肠七分脊梁"，测量打磨"心的真度"。

2. 环厅

环厅，由五块展板和一块竹刻展墙组成，共展示桑恒昌捐赠的21幅书画作品和16块竹刻作品。

环厅全景照片如图3-24所示：

图3-24 环厅全景照片

（1）第一块展板

展示了3幅书法作品，分别是：

①作品名称：知求恒昌；书法作者：杨牧

②作品名称：臧云远诗；书法作者：臧云远；释文：忆昔咏诗黄昏后，鼓楼墨菊写春秋。楼灯闪闪乱星斗，情韵汹汹压江流。

③作品名称：丁芒词【中吕】普天乐·自得；书法作者：丁芒；释文：墨香浓，书味重，诗开霞红，纸走蛇龙。看绿窗泻影，絮滚帘栊，笔底软漾过堂风。这生涯怎不叫人心动！莫管他唾黑尘红，只把那冷嘲热讽，当作是清夜闻钟。

（2）第二块展板

展示了7幅书法作品，分别是：

①作品名称：诗魂；书法作者：雷抒雁。

②作品名称：用心上肉捏诗；书法作者：万钢。

③作品名称：桑恒昌诗《中秋月》；书画作者：张德福画，陈宴字释文：自从母亲别我永去，我便不再看它一眼，生怕那一大滴泪水落下来，湿

了人间。

④作品名称：桑恒昌诗《胸怀》；书法作者：戴月；释文：虚怀若谷 谷虽浅 终生也 未必填满。

⑤作品名称：桑恒昌诗《人》；书法作者：练友良；释文：人用一年的时间去生 用一生的时间去死 出生时攥着地狱的钥匙 却总想打开天堂的大门。

⑥作品名称：桑恒昌诗句；书法作者：王始钧；释文：地球是海抱大的孩子，也是山雕出来的巨人。

⑦作品名称：桑恒昌诗《木鱼系列之二》；书法作者：于太昌；释文：不挖掉胸中尘俗，纵然佛来执槌，也断无空谷清音。

（3）第三块展板

展示了2幅书法作品，分别是：

①作品名称：陈毅诗句摘抄；书法作者：贺敬之；释文：豪气贯日月，英风动大地。诗国新疆土，大可立汉帜。

②作品名称：真善美；书法作者：艾青；

（4）第四块展板

展示了5幅书法作品，分别是：

①作品名称:妙笔生辉；书法作者:迟宾；

②作品名称:桑恒昌诗句；书画作者:战新民；释文:芙蓉开放，可是舔了舔霞光？

③作品名称:桑恒昌诗句；书画作者:战新民；释文:太阳躲在暗处，听芙蓉姑娘的悄悄话。

④作品名称:桑恒昌诗句；书法作者:戴月；释文:太阳你醒来的时候一定要喊上我。

⑤作品名称:桑恒昌诗《启明星》；书法作者:丁再新；释文:淘汰满天星斗 只选中了这一颗 镶成钻戒给你 你会戴在哪个手指。

（5）第五块展板：

①作品名称：桑恒昌诗句；书法作者：毛佩琦；释文：没有肝胆人生 哪

来血泪文章。

②作品名称：桑恒昌诗句；书法作者：白金海；释文：我们曾经用长了牙的脚 一步一步啃过来 我们还将用脚上剩下的牙再一步一步啃下去。

③作品名称：桑恒昌诗句；书画作者：季竹君；释文：总把短短的人生走成长长的一辈子。

（6）竹刻展墙:

16个"竹刻"作品主要由桑恒昌与贺敬之两部分作品组成，竹刻作品基本上是诗友们摘抄书写的桑恒昌的经典诗句，中间两片是贺敬之的作品，"睹旧物，回忆往事，不仅感慨系之。听乡音之未改，思友情之恒长，念世情人情能不寄大望于明朝耶"，表现了贺敬之与桑恒昌先生友情的长远深厚。竹刻这种表现形式，即古朴清雅，又说明桑恒昌对这些作品的珍视。

3. 内厅

内厅是主要展厅，共有四个展厅。以"一轴（时间为轴）、两线（生活线、创作线）、文领（以文为领）、图说（用图说话）"为总思路，将展厅分为"书房复原""亲娘一样的故乡""作诗的人——诗做的人""一笔狂草，写到大海"四个主题单元。

内厅实景照片如图3-25所示：

图3-25 内厅实景照片

（1）第一展厅：桑恒昌的书房

图3-26 书房实景照片

①第一块展板上，展示的是《桑恒昌创作及诗坛重要活动年表》，记载了桑恒昌十八本著作的创作时间以及桑恒昌参加国内外重要诗歌活动的时间。自"一九六三年创作朗诵诗《幸福的时刻》，发表于《解放军文艺》杂志，是其处女作"起，到"二零一八年出版王传华编著王川点评的《桑恒昌一个诗做的人》，团结出版社"止，一共50条。

②第二块展板上，照片墙展示了桑恒昌先生的军旅照和生活照，一共12张照片，其中2张军旅照，10张生活照。还展示了一幅书法作品：桑恒昌诗句；书法作者：于太昌；释文：做不做诗人并不重要重要的是做一个诗作的人。

③第三块展板上，左边展示了一幅桑恒昌亲自手书的一首诗《我》，释文：我的肩上长出一杆枪，我的手上长出一支笔，我醒着枪便醒着，笔失眠我便无眠，我的生命，在变成子弹的过程中变成诗句；中间，悬挂一块书房牌匾"未是轩"是书法家陈晏所赠；右边，展示了一幅桑恒昌先生夜间灯下笔耕的照片留影。

④南面倚墙摆放一幅装裱的"印谱"图，是桑恒昌几十年用过的印章

集合。旁边摆放了一块刻有"老骨头"的竹刻照片，是文学批评家徐敬亚赠写。第四块展板上，还展示了一幅贺桑恒昌文学馆开馆的书画作品：木棉花；书画作者：战新民；释文：二月春风舞丹龙。

⑤展厅中摆放有桑恒昌先生原书房的摆件，两个小书橱，一个单人皮椅，一个大写字台，一个小写字台和一个三人木质沙发。

（2）第二展厅：主题是"亲娘一样的故乡"

本展厅共由三个展块组成，以图文形式展示了桑恒昌的故乡情。

实景照片如图3-27所示：

图3-27 第二展厅

①第一块展板上，展示了一首串引诗《故乡》，3个展框讲述的是桑恒昌先生的早期经历。展板下方的展柜里展示是桑恒昌父亲"桑荫峰文稿"《"大漠孤烟直，长河落日圆"新释》《退婚的风波》以及《古词旧事浅析》。

②第二块展板上，6个展框讲述的是桑恒昌先生母校经历留影和走进德州学院经历留影。展板前方的展柜里展示是"桑恒昌手稿"若干。

③第三块展板上，7个展框讲述的是桑恒昌文学馆建设历程经历留影。展板下方的展柜里展示是桑恒昌先生社会活动的"报纸和音像资料"。

（3）第三展厅：主题是"作诗的人——诗做的人"

本展厅共有三个展块，主要展示的是桑恒昌先生诗坛成长、怀亲诗、诗学观以及师友书信。

实景照片如图3-28所示：

图3-28 第三展厅

①第一块展板上，展示了一首串引诗《诗》，3个展框讲述的是桑恒昌先生的诗坛成长经历。展板下方的展柜里展示是桑恒昌先生的"第一部诗集""处女作"和"证书"。

②第二块展板上，10个展框分别讲述了桑恒昌先生的"怀亲诗""诗学观""创办黄河诗报"和"师友留影"的12张照片。展板前方的展柜里展示是"贺敬之书信"手稿。

③第三块展板上，8个展框讲述的是桑恒昌先生的"师友书信"。展板下方的展柜里展示是"师友书信"原稿。

（4）第四展厅：主题是"一笔狂草，写到大海"

本展厅由四个展块组成，包括"诗坛交流""海外经历""诗歌评价""桑恒昌捐赠目录"四个板块，以图文形式展示了桑恒昌诗歌影响传播海外。

实景照片如图3-29所示：

图3-29　第四展厅

①第一块展板上展示了一首串引诗《脚》，3个展框讲述的是桑恒昌先生在国内的"诗坛交流"经历留影。展板下方的展柜里展示是桑恒昌文学馆开馆仪式上众多国内知名人士签名的"开馆纪念封"若干。

②第二块展板上，7个展框分别讲述了桑恒昌先生诗歌走向海外的经历、约稿信、剪报、留影等。展板前方的展柜里展示是桑恒昌先生的"外文诗歌诗集"作品《来自黄河的诗》《桑恒昌短诗选》《桑恒昌诗歌》《观海—桑恒昌小诗选》《桑恒昌、高艳国抒情诗选》等。

③第三块展板上，11个展框讲述的是评论家们对桑恒昌先生的"诗歌评价"。展板下方的展柜里展示是评论书籍和剪报原件。展柜旁边摆放的是贺敬之先生给桑恒昌亲笔题名"桑恒昌文学馆"的牌匾一块。

④第四块展板上，展示的是"桑恒昌捐赠目录"，一共24条目录，是从书刊、书信、剪报，到字画、手稿、照片、证书等15000余种桑恒昌先生的毕生收藏中，挑选了一部分用文字表述进行展示。展板右边的展墙上放置一台多媒体电视，下方展柜中是桑恒昌先生先后参加一系列活动的代表证、贵宾证，以及他在中国新诗百年全球华语诗人诗作评选中获得的"百位最具影响力诗人"证书。

（四）桑恒昌文学馆阅读推广活动案例

桑恒昌文学馆的建立为推进德州区域文化高地建设具有重要意义，是一件功在当代，利在千秋的好事情，在弘扬优秀文化、培养文化人才、促进文化交流方面发挥重要作用。图书馆和学校以"桑恒昌文学馆"为平台，开展了丰富多彩的阅读推广活动。

1. 图书馆组织校内外读者参观桑恒昌文学馆

桑恒昌文学馆具有展览、收藏、研讨等功能。以怀亲诗文学陈列为基地，开展多种文学交流活动，组织参观、讲座，充分发挥其启迪后学、传承文明、服务社会中的重要作用。

文学馆不但接待校内读者，还对社会各界人士免费开放。为此，图书馆还专门成立了讲解团队，提供讲解和咨询服务。桑恒昌文学馆的建设受到社会各界的肯定和关注，自开馆以来，吸引校内外读者和社会各界人士前来参观学习和交流，文学馆每年接待各类参观团队20多个，接待各类校外读者近千人次，已成为德州区域的文化交流和教育基地。

活动照片如图3-30所示：

图3-30 参观现场

2. 成立"桑恒昌诗社"，开展诗歌沙龙活动

图书馆依托桑恒昌文学馆，成立"桑恒昌诗社"，为诗歌创作爱好者搭建一个学习、创作、交流平台。通过开展诗歌朗诵、采风创作诗歌交流会等活动，营造良好的诗歌文化氛围，激发广大诗歌爱好者的创作热情，繁荣诗歌创作、弘扬诗歌文化。活动引起广泛的社会关注，成为地方文献阅读推广社科文艺知识的成功案例。

如：2021年4月1日上午，著名诗人桑恒昌在德州学院桑恒昌文学馆与"桑恒昌诗社"大学生开展了一场主题为"品诗歌魅力 展诗人情怀"的零距离对话，鼓励高校青年学子弘扬传承中华民族优秀诗歌文化。

桑恒昌先生结合自己的求学、工作与人生经历谈到诗歌创作。在诗歌素材的积累、创作灵感与语言表达、诗歌鉴赏力以及如何传承诗歌文化等方面与大学生进行了广泛的交流。在交流互动中，青年学子们就诗歌创作中要注意的问题、怎样才能写出一首自己满意的诗、写诗是否需要押韵、是否会回望自己的一些诗歌作品等问题向桑恒昌先生提问，桑先生均一一作了解答，令大家获益良多。

活动的成功开展，对培育大学生诗歌精神和文化素养，对提高大学生的诗歌创作水平和鉴赏能力具有重要的意义。图书馆将进一步做好"桑恒昌诗社"的组织管理工作，让文学馆成就德院学子的诗歌梦，以此为契机，打造"诗韵校园"，为校园文化建设增光彩。

活动照片如图3-31所示：

图3-31 桑恒昌诗社活动现场

3. 打造崇贤敬亲特色教育基地，助推大学生成长成才

桑恒昌先生的诗歌作品广涉人生的方方面面，或一往情深，或催人泪下，或幽默风趣，或富含哲理，耐人寻味，充满爱国爱家，崇贤敬亲的正能量。学校以"桑恒昌文学馆"为平台，打造优秀传统文化基地，开展了大学生家国情怀教育。为我校大学生的成长成才起到引导教育作用。

4. 开启德州现当代文化名人研究窗口，培育德州学院新的学术增长点

以"桑恒昌文学馆学术研究中心"为依托，深入开展我国新时期意向抒情诗学术研究。将德州学院建成全国最高水平的"怀亲诗"研究基地；打造中国怀亲文学研究高地，使学校成为全国乃至国际上独具特色的学术研究亮点。

同时，以桑恒昌研究为发端，形成邓广铭（1907～1998，中国历史学家，德州临邑人）、齐思和（1931年生，历史学家，山东宁津）、任继愈（1916—2009，著名学者，哲学史学家，山东省平原县人）、侯仁之（1911年—2013，北京大学教授，历史地理学家，中科院院士，山东武城县人）、刘淑度（女，1899—1985，德州市德城区长庄乡北厂村人，著名篆刻家、目

录学专家）、马森（台湾著名剧作家、小说家，现任台湾东华大学住校作家，原籍山东齐河人）、邓友梅（1931年生，山东平原人，当代著名作家，中国作家协会名誉）、航鹰（1944年生，当代著名作家，现任天津市作家协会副主席）、季桂起（1957年生，河北南皮人，德州学院教授，中国作家协会会员）、陈璞平（1961年生，德州市人大常委会副主任，山东省作家协会会员）刘金忠（德州武城人，山东省著名作家、学者）等现当代文化名人的群体研究基地，打造我校社科人文的学术研究特色，为创建德州大学做出贡献。

5. 开设"桑恒昌诗歌赏析"选修课，丰富课程资源

德州学院探讨德州名作家作品赏析的教学，开设文化名人讲座和相关通识课教育，形成学校的教育教学特色。同时，指导学校硕士研究生撰写桑恒昌及其他学者的研究性文章，提高培养质量。

第二节　德州职业技术学院图书馆案例

德州职业技术学院是经山东省人民政府批准成立、教育部备案，由德州市人民政府举办的全市唯一国办普通高职院校。德州职业技术学院图书馆（以下简称德职馆）目前是山东省图书馆工作委员会高职高专图书馆5个委员馆之一。

近年来，德职馆积极响应国家"全民阅读"的号召，坚持以"读者第一，服务至上"为理念，深化人文环境建设，坚持紧跟新技术发展，致力于服务创新，积极参与学校文化育人工作及社会阅读推广工作，在丰富校园文化生活、营造校园阅读氛围、服务地方社会文化等方面做出了贡献，2017年被评为"德州全民阅读示范基地"称号，为促进全民阅读和书香社会建设发挥了较好的作用。为倡导校园阅读，营造浓郁的校园文化氛围，全面提升学生综合素质，形成"人人爱读书、人人读好书"的文明风尚。德职馆积极拓展图书馆文化、宣传、收藏等功能，推动"书香校园"建设，致力校园文化

创新，全面推进文化育人和阅读推广工作。馆内基本形成了上半年以4. 23世界读书日"读书月"和下半年以10月-11月份"图书馆迎新活动"为主的"德州职业技术学院读书节"书香文化品牌，推出系列服务于学生的阅读活动。图书馆的文化活动使馆内文化气息浓郁，有力地推动了学校校园文化的繁荣和发展。

本节以德州职业技术学院读书节为例，探讨德职馆开展阅读推广的基本情况。

一、读书节概况

为了激发学生读书兴趣，促进学生综合能力的提高，使课外阅读真正成为学生的良好学习习惯，营造快乐轻松的学习氛围，让浓浓的书香洋溢校园的每个角落，全面提升师生的审美情趣和人文底蕴。德州职业技术学院每年隆重举办以"营造书香校园，争创优质名校"为主题的读书节，读书节由学校学生处、教务处、团委、图书馆等单位联合举办，目前已举办了十五届。

读书节一般在"4. 23"世界读书日前后启动，通常安排在上半年的4月下旬至5月下旬，时间为一个月，围绕"世界读书日"开展"读书月"活动，有时也安排在6月下旬至12月下旬，时间长达半年，和下半年10月—11月"新生入馆教育"等图书馆迎新活动相结合。

图书馆作为学校的文献信息中心，在教学科研和文化建设中发挥着重要作用。德职馆按照学校的发展战略，围绕人才培养的根本任务，积极服务于学校的教学、科研、学科建设和文化传承。近年来，德职馆将阅读推广作为图书馆的基本职能之一，以学院读书节为契机，积极开展阅读推广活动。

二、活动内容

近五年来，德职馆充分发挥阵地作用，以读书节为契机，开展了丰富多彩、形式多样的阅读推广活动。主要有数字图书馆阅读推广、走进系部、班级和读者等交流活动，推出"因书崇德，悦读越young"书评会、"崇德书榜·

师生最喜爱的十本好书"评选活动、品味真人书—我们的榜样、书库寻宝、数字资源需求调研、"激励发现，推动创新"电子资源利用沙龙讲座、"金牌读者"评选等活动，通过阅读活动，为全校师生带来了精彩绝伦的文化盛宴。

（一）依托新媒体和数字阅读平台，开展数字图书馆阅读推广活动

随着信息技术的发展，数字图书馆将成为未来社会的信息中心和潮流，移动阅读将成为未来阅读的发展趋势。学校与时俱进，大力发展数字图书馆，倡导移动阅读，增强图书馆服务能力和水平。图书馆信息资源建设与参考咨询部和学校学生处学生科合作，积极开展数字图书馆阅读推广活动，具体包括移动图书馆、微信推广、数字资源推介、举办讲座等活动。

1. 歌德阅读机、数字图书馆资源、图书馆微信等数字阅读平台的推广

德职馆的数字阅读平台主要有歌德阅读机、图书馆微信平台、参考咨询QQ群和图书馆网站。

为了让更多的读者了解和利用图书馆的数字资源，德职馆加大数字阅读平台的宣传推广力度，在二楼阅览室设立了讲解服务点。读书节活动期间每天大课间，由信息资源建设与参考咨询部老师给师生带来面对面的讲解。介绍图书馆的数字资源和阅读平台，宣传推广歌德阅读机移动图书馆、图书馆网站数字图书馆资源、图书馆微信公众号等数字阅读平台。

德职馆于2015年安装了两台歌德阅读机，支持24小时电子书自助借阅，还支持离线存储，随时阅读。歌德阅读机是一款纯自动电子图书借阅机，为广大读者提供便利的自主阅读。读者只需通过阅读机选择图书，扫描图书封面的二维码，便可将该书下载至手机，免费体验高清电子阅读。最新的图书，时尚的期刊，手机扫一扫，随时可带走。

电子图书、电子报纸、期刊论文、学位论文、专家学者报告、国内外一流学府的MOOC和公开课、各种实习实训视频和考试培训数据库，海量的数字资源尽在德州职业技术学院图书馆网站，登录网站就能随时下载和利用。

关注图书馆微信公众号，热门的话题，精彩的文章，迅捷的报道，尽在

图书馆微信平台dzvtclib，扫描二维码就能订阅。

通过面对面讲解，能够使读者了解图书馆更多的阅读平台和数字资源，指导读者有效利用学校图书馆的数字资源，让图书馆成为读者得力的学习与科研助手，激发了读者的阅读热情，营造了良好的阅读氛围。

2. 数字资源网络推介

读书节期间，德职馆除了进行线下数字资源推广外，还利用阅读平台进行线上数字资源网络推介。

一方面，在学校CRP系统、图书馆微信平台、网站和参考咨询群，每周定期或不定期发布《知网》《万方》《读秀》《百度文库》和歌德阅读机等资源的利用方法和技巧，如：如何利用知网进行选题立项、万方选题——更专业的选题助手、读秀的两大功能——"电子书的下载"和"知识的搜索"等资源利用方法和技巧，提升师生的数字资源利用能力，助力科研论文和毕业论文写作。

另一方面，联系更多的试用资源，如：中科JobLib就业与创业知识总库、翼狐设计学习库、雅昌艺术图书数据库、中华数字书苑、博看人文期刊数据库、数图教育多媒体资源服务、文泉学堂知识库等试用资源，在CRP系统、图书馆微信平台、网站和参考咨询群进行发布，提高师生可用资源的数量和质量。

3. 举办科研资料检索利用系列讲座

如何锻造学术精神，提升科研能力？如何检索、利用中外专利数据库信息？如何撰写、发表论文？如何使用最新数字图书馆资源？一系列的专业讲座将为读者传道、解惑。

为此，读书节期间，德职馆积极联系商家，特别邀请了中国知网、上海万方数据、读秀、超星和百度文库等商家的优秀的讲师，为师生做精彩的报告。

（1）科研资料检索利用系列讲座案例

2018年5月15日下午，"科研资料的检索利用"讲座在学校C105教室开展。图书馆邀请来自中国知网、上海万方数据、读秀和百度文库等商家的优秀培训讲师，为师生做了精彩的报告。

讲座中，来自各个数据库的培训老师通过生动的PPT对各个数据库的数字资源的内容及使用方法进行了详细介绍，并着重介绍了数字资源的检索方法及下载技巧。来自各个数据库的老师还与现场的同学老师们进行了亲密的互动，活跃了现场氛围。

通过讲座，使读者更加深入地了解了知网、万方、读秀等数据库的资源和服务，为今后学习及科研提供了更加便捷的信息获取方式和途径。

本次培训讲座是图书馆读书节活动之一，旨在推介图书馆的电子资源，使其能在全校师生读者的教学、学习与科研等方面发挥信息保障作用。

（2）"激励发现 推动创新"电子资源利用讲座案例

金秋十月，是收获的季节。为助力山东省优质职业院校建设，增强广大教师电子资源的利用能力，提高学校的信息化水平，2019年10月24日，德州职业技术学院图书馆举办了一场以"激励发现 推动创新"为主题的电子资源利用讲座。校领导以及有关处室负责人、各系部主任、教研室主任、各系部骨干教师代表、近三年新进教师等200余人参加了讲座。

本次讲座，特邀知网、万方、读秀三家全国知名数据库的著名培训讲师，就如何利用数字资源发现研究领域的科学论文、分析科研成果、获取前沿信息；如何在选题分析中获取新思路、实现新研究方法；如何提高论文写作、投稿效率、加速发表等技能和技巧等方面展开讲解。最后，讲师还同在场的老师们展开探讨、交流和互动。新颖充实的内容，幽默风趣的语言，方便实用的技巧，极大地吸引了在场老师们的注意力。大家认真听讲，踊跃发言，积极互动，讲座现场气氛热烈。

德州职业技术学院被确定为山东省优质职业院校建设立项单位后，全校上下统一思想，全力以赴争先创优，多措并举提升办学质量和水平。图书馆立足本职，积极主动开展工作，以学校"建设教学强、实践强、科研强师资队伍"为工作目标，提升广大教师利用数字资源高效开展学习和科研的能力，增强师资队伍的教学科研实力，努力造就适应新时代要求的高素质创新型教师队伍，为创建山东省优质职业院校发挥了积极作用。

4. 教学生如何备考

高职院校学生在校期间的考试主要有计算机二级考试、普通话考试、英语四级考试和专升本考试。读书节期间，图书馆经常给学生带来有关考试的网络讲座，为学生备考助力。讲座一般每周一次，由专业课教师和有考试经验的高年级学生给学生讲解，讲座内容通过微校平台和图书馆微信平台发布，是专业课老师、师哥师姐和图书馆共同送给学生的读书节礼物。

计算机二级考试类网络讲座由计算机系陶建强老师主讲，他提供计算机考试的相关参考资料，并给学生提出考试建议。普通话考试网络讲座由基础部高文英老师主讲，她对普通话考试如何准备和考试中应注意的问题进行讲解。英语四级考试网络讲座由基础部陈玫老师主讲，她提供四级考试的参考资料，并给学生们带来考试攻略。专升本考试网络讲座由专升本社团、图书馆电子杂志社、图书馆读书社组织，专升本成功的同学给大家分享考试成功经验，为大家讲解如何准备专升本考试。通过一系列考试讲座，学生们收到了良好的效果。

（二）走进系部、班级和读者交流活动

通过学习十九大会议精神，根据学校组织的"大学习、大调研、大改进"和三联系活动的要求，在读书节期间，德职馆老师深入班级，与师生进行面对面的交流学习、调研，期望改进服务。

1. 活动内容

（1）图书馆指派专门馆员走进系部和班级征询读者的宝贵意见和建议，包括图书馆建设、管理和发展等各个方面。

（2）沟通是人与人之间的桥梁。图书馆和读者的沟通，是彼此相互了解的最佳途径。图书馆现场发放问卷进行资源利用情况调查。

（3）馆员面对面培训学生如何利用图书馆资源进行学习、考试和求职。

2. 活动方式：定制服务

（1）各系部可根据实际情况，抽出时间组织本系的专业课老师，由图书馆派出老师提供《学术资源的发现、获取、保存和利用》等专属报告服务。

（2）各个班级也可以根据本班学生实际和时间，由班主任联系图书馆，图书馆派出老师开展《如何利用图书馆》的讲座。

（3）教师和学生个人在图书馆利用方面如有问题，可以加入德州职业技术学院图书馆参考咨询QQ群，由图书馆老师在线为大家答疑解惑；也可以拨打电话，由图书馆提供一对一服务，或者亲自到馆由老师面对面地为师生讲解。

3. 活动案例

（1）图书馆深入开展三联系活动 积极打造"绿色阅读空间"

2017年11月，为了更好地学习和践行十九大会议精神，充分发挥图书馆的教育职能，为学校培养"双高"人才提供优质服务，图书馆几位同志积极和基础部学前教育班主任老师联系，走访了基础部17级学前教育4个班级，与师生面对面地沟通、座谈，了解师生读者的需求和阅读状况，着力改善图书馆的建设、管理和服务。

为此，图书馆根据实际，从师生工作、生活和学习需求出发，以打造"绿色阅读空间"为目标，开展阅读推广活动。"绿色阅读空间"的主题是"运动""健康""生活"。本次活动围绕着学前教育专业学生的生活、学习和工作特点，安排了"热爱阅读，文明选书""扫码看书，师生共读""与学前教育专业相关的专业图书推荐""优质的大众类和专业期刊推荐""电子资源推荐"，支持毕业论文写作和实习实训等阅读推广活动。

活动深受师生的欢迎，海量的资源，优质的服务，精彩的讲解，亲切友好的互动，激发了学生的学习兴趣，收到良好效果。通过三联系活动，让图书馆的工作和服务更贴近师生的生活和学习实际，切实帮助师生解决了读书、学习上面临的一些问题；图书馆也通过努力把工作做细、做精、做好，提升了服务质量，让三联系活动的目标真正落到了实处，提升了图书馆的读者满意度。

（2）读书节系列活动|读书·人生·图书馆

2018年5月10日，"图书馆走进系部、班级和读者活动"拉开了序幕，这是图书馆开展的读书节系列活动之一。定制图书馆"面对面"服务的班级是来自基础部孙晓云老师所带的17级学前教育专业14班同学。

上午10点，在A214教室内，来自图书馆流通部的程向阳老师做了精彩的报告《读书·人生·图书馆》。程向阳老师结合自身求学和工作经历，讲解了读书给他的人生带来的影响，以及如何利用图书馆等知识。读书让我们怀揣梦想，让我们发现更好的自己，给我们力量，给我们更多的机会，给我们丰富的情感体验，让我们拥有更加精彩的人生。这样面对面接地气的、贴近生活学习工作的报告深受学生欢迎。

本次活动不仅拉近了图书馆和学生之间的距离，帮助图书馆更好地了解学生的信息需求，提升了图书馆服务能力，而且提升了学生的信息素养，对于创建全国优质高职院校，打造文化校园、书香校园环境都具有积极的意义。

（三）读书节系列之"因书崇德，悦读越young"书评会

1. 书评会实施方案

书评会在2018年9月份启动，每月举办一次，学生自愿报名参加，报名有现场报名和网络报名两种方式，扫描二维码加入图书馆书评会QQ群。活动前一周统计书评会参加人员名单。

（1）书目推荐，激发师生阅读兴趣

首先由图书馆老师择优推荐5-10种图书作为备选书目，将书目通过多种途径公布给全体在校师生。老师和学生可以在备选书目中任选其中一部，也可以自选其他积极向上正能量图书，进行精读并撰写读书笔记。

（2）建立积分制度，吸引师生积极参与

凡参加书评会人员，撰写原创读书笔记200字以上并在书评会上发表感言3分钟以上者，记2分基础分；最后再由评委老师投票评出名次，第一名另加3

分，第二名2分，第三名1分。此外，书评会同时开通线上活动，凡在朋友圈发表原创读书感言200字以上者，记1分（每周限一次）。图书馆将择优选取部分读书感言转发至图书馆微信平台并酌情另加分（发表感言要以图片加文字的形式，图片第一张为图书馆微信公众号二维码，其他可以是图书馆书景随拍等，文字需要以《因书崇德，悦读越young》为标题）。

2. 活动奖励

根据积分，读者可以获得以下权利

（1）累计满2分者可以抵扣图书滞纳金款或打印资料款一元，以此类推可以累加。

（2）累计满10分者可以增加图书馆借阅册数一册，仅限增加一册，多者不累计。

（3）凡连续参加书评会一学期或累计20分者，可以成为图书馆VIP会员，办理图书馆VIP读者证，凭证可进入咖啡阅览室，咖啡阅览室内设雅座、空调，将免费提供电脑、网络、咖啡等。因书评会刚开始举办，为吸引读者，参加第一次书评会并发表感言者可以进入咖啡阅览室体验一学期。

图书馆还将在VIP会员中发展有组织能力的会员加入图管会，参加组织工作。

3. 举办"因书崇德，悦读越young"图书馆书评会

2018年12月20日下午，由图书馆主办的第一届"因书崇德，悦读越young"书评会在学校思齐楼多功能厅举行。学校党委委员、纪委书记李强，副院长陈章侠，副院长张苹，党委委员、办公室主任郭士武等领导出席了本次书评会。书评会还特别邀请了教务处殷淑英处长、学生处范轶副处长、基础部高文英老师、付金平老师、团委张磊老师担任本次书评会的评委。

来自全校的27名同学参加本次书评会活动。各位选手轮流上台介绍了自己阅读的书籍，并分享了自己读书的感悟及从书中得到的启示。在比赛活动过程中，每一位同学都毫无保留地分享出自己的读书心得，为同样喜爱读书的同学们推荐了一本又一本的好书——真正做到了"以书会友"。

活动中，张苹副院长以品茶互动的方式引出了读书重要性这一话题，并与同学们分享毛不易歌曲《像我这样的人》，鼓励同学们作为一个平凡的人，要不气馁、要勇于掌握自己命运。最后，张苹副院长发出号召："在这个碎片化飞扬的时节，来图书馆吧，这里会给你一方新天地。"闫军花同学分享北大已故才女张培祥的《卖米》，声情并茂，听者几近落泪。有的人，活着，就已经筋疲力尽。那么，祈愿她在去的那条路上如轻风飞燕，没有贫苦，没有重担，只有一朵自在飞花永驻芳华。

比赛最后，由五位评委评选出了最佳原创奖、最具文采奖、书虫奖等奖项，并为获奖同学颁奖。陈章侠副院长致闭幕词。他对"因书崇德·悦读越young"书评会表达了肯定与赞扬，并借用习近平同志的讲话讲述了读书的三重境界，希望我们好读书、读好书。

本次活动旨在呼吁同学们课余时间能够阅读一些有意义的书籍，并且能够通过分享书籍获得真挚的友谊！希望各位同学也能放下手机，安静地读一本好书。

（四）读书节系列之"崇德书榜·师生最喜爱的十本好书"评选活动

"崇德书榜·师生最喜爱的十本好书"评选活动是德州职业技术学院读书节系列活动之一，其活动目的是为读者找好书，为好书找读者，塑造校园精神文化品牌，发挥图书馆的校园文化中心地位，做经典阅读的引导者、承担者，同时也为图书馆图书采购提供参考依据。

"崇德书榜"评选活动在2019年5月底启动，面向全校师生，书单由师生读者投票产生。投票方式有手机端和电脑端两种。首先读者登录投票网页，完善个人信息（手机号一定要填正确，否则无法参加抽奖），然后选取自己喜欢的十本好书（少选多选均不可）进行投票，最后提交投票成功。活动结束后将在成功参与的师生中抽取5名幸运读者颁发幸运奖，给所选图书与最终结果一致度排名前十的读者颁发预测奖，集中表彰，颁发奖品。

活动自2019年发起，每年举办，共举办了3次，"崇德书榜"的评选经提名候选书籍和正式评选两个环节，由师生自己选书，到目前共征集了近千余份书单，读者投票产生60本候选书籍，并最终评选出30本上榜好书。评选出的书单在微信公众号和图书馆网站上公布，并作为图书采购依据提高采购数量，供更多的读者借阅。

（五）图书馆读书节系列之"书库寻宝"活动

书籍是人类进步的阶梯，善于读书的人，更容易收获成功。为了使更多学生熟悉图书馆借阅规则和馆藏布局，提高学生查找图书、利用图书的效率，2019年10月31日，图书馆开展了德州职业技术学院第十四届读书节系列之"书库寻宝"活动。

书库寻宝的比赛现场设在图书馆第一阅览室，由图书馆教师及读书社学生共同组织。报名参赛选手达50多名。同学们现场抽签分组、选取图书，彼此配合默契，秩序井然。随着主持人一声令下，参赛同学们纷纷出发，直奔各自目标。有的提前做过功课，自信满满；有的神色匆匆，奔来跑去，十分活跃。时间一分一秒地过去，在第七分钟的时候，第五组、第二组的学生同时完成任务，难分伯仲，不得不举行更为激动人心的加时赛。

作为读书节系列活动之一，"书海寻宝"活动让读者在饶有兴趣的比赛中熟悉了图书馆的馆藏布局、分类排架、馆藏检索方法，提高了大家查找图书的效率，增强了读者的图书检索能力。

此外，德职馆以学院读书节为契机，还开展了"书香校园"新书展销、精品图书荐读、"同城共读•德职朗读者杯"爱国主义经典朗诵大赛、读书征文有奖、"金牌读者"评选等多种形式的阅读活动。在这里，不再一一介绍。

读书节活动的开展，在激发读者阅读兴趣、培养读者爱读书、读好书的阅读习惯，提高读者阅读能力，丰富校园文化生活，创建书香校园等方面发挥着重要作用。德职馆在"十四五"期间，将继续参与学校文化育人工作，以学院读书节为契机，积极开展阅读推广活动。同时，加强与省内和国内先进图书馆的合作，不断提升自身服务能力，努力建成基础扎实、亮点突出、水平领先的现代化的高职高专图书馆，为学校成为一流名校做出新贡献。

第三节　德州市图书馆案例

德州市图书馆是德州市政府兴办的公益性文化事业单位，是德州市公共文化服务体系建设的重要组成部分，也是德州市重要的文献信息枢纽和精神文明建设基地。多年来，德州市图书馆凭借丰富的文献资源，充分发挥馆员的能力优势，本着"读者第一，服务至上"的管理理念，服务于社会和广大读者，在提供普遍均等的知识信息服务，提升公众科学文化素质，保障市民基本文化权益方面，发挥了重要作用，为德州市的政治、经济、文化发展做出了重要贡献。

近年来，德州市图书馆为推进全民阅读，建设书香德州，紧跟时代潮流和市民需求，探索出一套以打造品牌活动为核心的阅读推广服务体系。市图书馆充分发挥阵地作用，依托新媒体、尼山书院等，丰富活动内容，创新活动形式，借助新媒体、新技术，积极参与省图组织的全省系列竞赛活动，同时与社会各界合作，举办了大量新颖有趣的阅读推广活动，提升了市图书馆知名度、关注度，丰富了读者的阅读与学习体验，满足了广大市民读者日益增长的精神文化需求。

一、发挥图书馆阵地作用，馆校合作，让少年儿童走进知识的殿堂，开启阅读之旅。

要让孩子们从小热爱读书，热爱图书馆，就必须培养孩子们的阅读兴趣，让孩子们从小走进图书馆，更好地了解图书馆，并亲身感受图书馆的文化氛围。为此，德州市图书馆长期与各学校、幼儿园合作，引领孩子们走进图书馆，走进知识的殿堂，开启阅读之旅。

（一）组织幼儿园小朋友迈入知识的殿堂

2018年4月18日上午，德州市图书馆新城分馆迎来了水利局幼儿园的200多名小读者，他们在老师的带领下排着队依次进入图书馆参观。工作人员向小朋友们介绍了办证、查找图书、借还图书的流程。之后带孩子们参观了图书借阅区、少儿借阅区、期刊报纸阅览区以及电子阅览区等。在参观过程中孩子们好奇、兴奋、兴趣盎然，特别是在少儿借阅区，他们亲身体验了一回，在书的海洋里，感受着阅读的快乐。

接着先后有德州市小天使幼儿园的小朋友、希森欢乐岛幼儿园、市直幼儿园等幼儿园的小朋友走进德州市图书馆参观体验。

通过体验活动，一是对少年儿童具有启蒙引导作用，启发了他们对读书求知的兴趣和好奇心；二是让孩子们感知到图书馆的书香，让他们知道图书馆是读书学习的好地方，为他们今后利用图书馆去读书求知在心灵上打下深刻的烙印。

（二）组织中小学生开启"知识殿堂"之旅

2018年以来，自堤岭小学学生走进新湖风景区内的德州市图书馆，开启"知识殿堂"之旅，先后有石家园小学生、德开小学、德州交通职业中专、德州一中、德州实验中学、德院附小、德州东城小学、崇德小学、康博小学等学校师生到德州市图书馆参观体验。同学们置身于书的海洋，大大开阔了视野，感受到书海的浩瀚与博大，知识的奥妙与渊博，品尝到书的芳香与缤纷。从而激发了同学们阅读的欲望和兴趣。特别是听了馆员对馆藏众多图书种类的介绍，引起极大的兴趣，馆员给同学们讲解了图书借阅流程，并指导同学们利用数字图书馆进行自主阅读，使同学们懂得了利用图书馆阅读的基本知识，为今后利用图书馆学习奠定了基础。

此项活动是馆校双方发起的阅读体验活动，旨在引导广大学生进一步了解图书馆，熟悉图书馆，充分利用公共图书馆的资源和服务，养成热爱阅读的良好习惯，推进社会阅读和服务。希望小读者们经过图书馆利用知识与图书阅读的启发引导，爱上阅读，爱上图书馆。

二、设立阅读服务点定向服务，让阅读在全市全面开花。

（一）进社区——设立基层服务点——定向培训服务

近年来，为更好地发挥图书馆职能，满足社区居民的阅读需求。德州市图书馆开展文化进社区活动。

2018年11月，图书馆工作人员来到长河社区开展图书业务指导工作，对社区工作人员就图书资料的编目、加工、排架及借阅等业务工作给予指导，为"德州市图书馆——长河社区分馆"的对外开放做了准备。2019年11月，德州市图书馆工作人员赴德州市新城派出所开展图书服务工作，并设立新城派出所基层服务点。在为服务点上架馆藏图书的同时，工作人员亦开展现场培训，为大家讲解移动图书馆数字资源的使用方法。受到派出所人员的热烈欢迎。2020年11月6日，德州市图书馆工作人员赴翠湖庄园社区开展服务工作，设立翠湖庄园社区基层服务点，方便社区居民了解图书馆，便利借阅、阅读。本次活动为服务点搭建馆藏图书资源，并开展现场培训，为社区工作人员讲解图书资源的管理方法，德图也将跟进后续服务指导。

对社区进行业务培训和指导是市馆开展文化进社区活动的一部分，有利于社区图书资料流动起来，对于丰富社区居民业余文化生活，营造良好的群众文化氛围起到积极的推动作用。

（二）进两会——现场服务——市图书馆首次服务"两会"

为充分发挥图书馆的信息服务职能，2020年1月9日至12日德州市"两会"期间，市图书馆工作人员走进两会会场，利用丰富的数字资源，为人大代表、政协委员提供数字资源借阅、参考咨询、现场办理读者证、发放全文数据库阅读卡等服务。数字资源借阅机吸引到不少人大代表、政协委员驻足，他们纷纷拿出手机扫描二维码，搜索、下载心仪的数字资源。

2020年是德州市图书馆首次服务"两会"，德图以后将不断创新服务形式，丰富服务内容，为代表委员们建言献策提供参考依据。

（三）进军营——开展送文化进军营活动

为迎接"八一"建军节的到来，德州市图书馆文化志愿者每年赴武警德州支队开展图书配送、数字设备维护、数字资源更新等服务。活动共调配更换图书500册，检修维护了歌德电子借书机，更新了借书机资源，进一步满足广大武警官兵的阅读需求。

德州市图书馆送文化进军营活动已连续开展二十余年，丰富了广大武警官兵的精神文化生活，为"双拥模范城市""书香德州""文明城市"的创建起到积极的推动作用。

（四）进校园——开展经典诵读活动

2019年11月和2020年6月，德州市图书馆分别走进太阳城小学和德州九中新校区开展"推动全民阅读、共建书香德州"——经典诵读进校园活动。活动旨在弘扬中华优秀传统文化，营造浓厚书香校园氛围，培养学生的阅读兴趣，让广大学生从小诵读经典，积累中华传统文化精华，增强广大少年儿童的文化自信。

市图书馆尼山书院张水英老师分别在三年级一班教室和校园操场为学生们讲解、领读《少年中国说》《满江红》《笠翁对韵·二冬》等经典，和孩子们玩起小游戏，活动在孩子们朗朗读书声和欢声笑语中结束。

"经典浸润心田，智慧点亮人生。"愿孩子们"爱读书、多读书、读经典"，"在阅读实践中培养爱国情，在阅读感悟中坚定成才志，在品味书香中茁壮成长，在艰苦奋斗中实现中国梦！"张老师深情地嘱托牢记孩子们心间。

设立服务点定向服务，这是德州市图书馆多年来发挥市图书馆的中枢作用，落实"知识信息集散地"功能，开展全民阅读"以点带面"，实现全面开花的重要举措，收到了很好的效果。

三、德州市图书馆尼山书院和社会各界合作，开展精彩纷呈读者活动，丰富读者精神生活。

（一）读者活动概述

德州市图书馆尼山书院与怡然社会工作服务中心合作，每年组织200余场读者活动，线上和线下参与读者达20000余人次。线上活动内容包括抗击疫情——心理防疫特别活动、家庭教育、爱的力量专题活动、阅读类主题活动、科普课堂、安全教育、食育、幸福公益志愿者学习、艾滋病宣传等。线下活动内容涉及运河文化公开课、普法公益讲座、故事妈妈培育赋能公益项目等培训讲座、玩转国学闹元宵活动等等；每年举办夏令营冬令营活动共计50课时，书法、国画、国际象棋、古琴、陶艺、活字印刷术六大模块依次开课，活动服务近六百人次。

尼山书院活动丰富灵活，线上线下配合开展，活动得到了家长的支持和肯定，便利而丰富的活动内容每年直接服务对象百余人，间接服务对象千余人，让家长与孩子们学习了传统文化、疫情、科普等知识，调动了参与者的积极性。

（二）读者活动案例赏析

1. 开展"相约图书馆！玩转国学闹元宵"活动

农历正月十五是中国的传统节日——元宵节，为了弘扬传统文化，丰富读者文化生活，2018年2月28日上午，由德州市图书馆与上海川远信息科技有限公司联合举办的"欢欢喜喜闹元宵——贝贝国学亲子活动"在市图书馆二楼尼山书院举行，共有20余组家庭参与其中，共同分享元宵佳节带来的喜悦。

在"了解元宵节"环节，小读者们一个个热情高涨，纷纷举手示意发言，和大家分享自己所了解的元宵节传统文化知识。随后，工作人员通过视频《元宵节的来历》《元宵节的传说》《吃元宵》分享了元宵节的来历和习俗。在紧接着的"趣味游戏——开火车"环节中，孩子们纷纷开动脑筋，积极踊跃参与游戏，活动气氛高涨，会场内成为一片欢乐的海洋。活动结束后，工作人员根据比赛得分评选出前三名，并颁发了精心准备的奖品。

该活动融知识性、趣味性于一体，倡导孩子们在玩中学、在学中玩，渗透国学和传统民俗教育，既培养了青少年对学习传统文化的热情，也让孩子和家长们感受中国传统文化的无穷魅力，让孩子们在国学启蒙阅读中接受传统民族文化的熏陶和民族精神的培养，营造了良好的节日氛围。

2. 举办德州市图书馆尼山书院国学夏令营和冬令营活动

德州市图书馆在尼山书院每年举办夏令营、冬令营活动，近年来先后举办了2019国学夏冬令营、2020年国学夏冬令营和2021国学夏冬令营等活动，分别邀请来自不同领域的专业讲师，为少年儿童举办了精彩纷呈的活动课程，如：少儿简笔画、硬笔书法、少儿围棋、少儿国学、古琴体验等，收到很好的效果，受到小朋友的喜爱。

如来自书法家协会的老师教授了大家基本的笔法。小营员们要拿起钢笔亲身实践。孩子们的每一笔都全神贯注，教室寂静无声，孩子们沉浸在书法的海洋中。

再如简笔画课程也深受孩子们的喜爱，简笔画是一种利用简单的点、线、图形等符号来表现物象的基本特性，简单的几笔勾勒，就能够将一个个生动活泼的人物、动物、植物等直观形象跃然纸上，使孩子们受益匪浅。

在国学文化之古琴课上：蓝蓝的天，下面小小的我，用心奏一曲盛世清歌；翻开书简，撒娇的、可爱的、粘人的、调皮的、温婉的、阳刚的一个个生动的自己跃然于琴桌之前；孩子们都个个陶醉于幽雅的古琴声中。

在围棋盘前，小棋手们都个个端坐如钟，手执棋子精神专注，精心思考、谋略、布局……

在国学文明礼仪课上，讲师们的精彩讲解，将中华民族优秀传统文化的种子播撒进孩子们的心灵，使孩子们从小懂礼仪、讲礼貌，学会做人。

德州市图书馆举办的这些活动，丰富了孩子们的假期生活，学习了国学知识，增添了才艺，陶冶了情操。让孩子们领悟古圣先贤的心语，培养宽广博爱的胸怀，学会在家孝顺父母，在外尊敬师长；学会勤俭节约与艰苦奋斗的作风。我们相信，这些优秀的品质，对他们今后的学习、生活乃至一生都会产生巨大的影响。

（三）举办公益讲座、故事妈妈培育赋能公益项目培训讲座

1. 举办京杭大运河文化公开课活动

2018年10月29日，由德州市图书馆在尼山书院举办的"大运河文化"公益讲座课开课，该课每周日下午举办，共分七节课，邀请志愿者联合会为青少年讲座。

京杭大运河是世界上里程最长、工程量最大的古代运河，2014年申请世界文化遗产成功，成为中国第46个世界遗产项目。

中国的大运河（京杭大运河）与万里长城一样，被列为世界最宏伟的四大古代工程之一，这是中国古代劳动人民和一大批水利专家利用自然与改造自然的伟大创造。"云光水色运河秋，满径槐花感旧游"。德州市作为运河流经的城市之一，传承两千多年的大运河文化，以其独特的魅力滋养了德州这方水土。

公开课的内容主要包括运河简介、运河古诗、运河故事、运河名人、运河诗歌、运河剪纸、运河情景剧、运河风景画，运河诗朗诵等多种未成年人感兴趣的专项课题内容。针对不同年龄段开展不同的教学方式和教学内容，主要以互动体验小游戏为主。

通过这次讲座，使广大青少年和民众更深入的了解运河文化，增强了文化自信，发扬古代劳动人民改天换地挖掘大运河的精神，把运河保护好，把大运河文化代代传承。

2. 举行普法公益讲座，增强读者的法律意识

为了减少广大读者因法律知识欠缺而导致纠纷的发生，增强广大读者的法律意识与法治观念，2018年5月18日，德州市图书馆邀请山东天衢律师事务所殷志杰律师在尼山书院报告厅举行普法公益讲座，讲座内容涉及婚姻家事、劳动用工、公司法务、新型犯罪、民间借贷、商品房、机动车七个方面，并结合具体案例，图文并茂地讲解与广大读者息息相关的法律知识。通过听讲座及现场咨询，使广大读者增长了有关法律知识，解决了很多法律问题，增强了法律意识。

3. 举办故事妈妈培育——女性赋能公益项目讲座

阅读推广人在阅读建设中扮演着非常重要的角色，是阅读建设中的重要人力保障。为培育儿童阅读推广人，更好地促进儿童早期阅读，2020年8月，德州市图书馆启动了"故事妈妈培育——女性赋能公益项目"。该项目旨在通过专业系统的培育，从理论技巧的学习到走进家庭、社区、校园的公益课

实操，调动妈妈们的阅读热情及自信心，培育其成为儿童阅读推广人，开展阅读推广活动。

项目启动后，德州市图书馆成立了故事妈妈团队。在社会上招募女性志愿者，要求报名的志愿者喜爱阅读，有和孩子亲子共读的经历，并且乐于分享，愿意开展阅读活动。以德州市市民（全职妈妈 留守妈妈优先）为主要招募对象，开展故事妈妈培育——女性赋能公益项目讲座。讲座由亲子阅读推广人、国家阅读规划师、美国正面管教家长讲师梅宝老师主讲。梅宝老师从事幼儿早期教育四年，亲子阅读经历四年，开展亲子阅读指导300多家庭，线下故事会200余场次，开展绘本延伸活动80余场，组织线上精读故事会50余场次，具有丰富的故事会组织经验及绘本阅读技巧，并对绘本指导阅读有着深入的研究。

讲座从2020年9月19日开始到12月底结束，历时三个多月，分10期举行，包括音乐素养课、阅读培训课、器乐声乐培训课、绘本故事会课等内容，培训完成后每人有1次实训课堂，故事妈妈作为讲师开展阅读活动。通过故事妈妈赋能讲座，增强了妈妈的音乐素养，提高了妈玛讲故事能力和指导孩子阅读、学习音乐的能力，为更好地实行良好的家庭教育提供了帮助。

故事妈妈培育为女性素质提升精准培育公益项目，培育成功的优秀故事妈妈被推荐到社区、学校、图书馆等开展阅读活动。故事妈妈培育项目至今已开展两年，该项目通过专业赋能个人能力提高的同时，从建设书香家庭出发，将阅读的光亮播撒到更多的家庭，在建设更多书香和睦家庭、创建"书香城市"方面作出了重要贡献。

四、依托线上数字阅读平台开展阅读推广活动

多年来，德州市图书馆通过网站、微信公众号、微博等自媒体，向广大市民提供免费数字图书馆线上阅读服务。

特别是在新型冠状病毒疫情防控的关键时期，德州市图书馆通过创新服务方式，丰富公共数字文化产品，开展线上阅读服务，做到闭馆不谢客、

服务不打烊，免费提供海量数字资源，开展各类线上阅读活动，为共同战"疫"提供精神食粮。

（一）充分利用本馆数字化信息资源开展线上免费阅读服务

1.积极应对疫情，利用线上服务助力抗疫，丰富市民"宅家"阅读生活

2020年从春节开始，注定是极其不平凡的一年，如何支持武汉抗疫攻坚战？如何打赢全国抗疫保卫战？如何让全民"宅家"开展读书活动，使生活丰富多彩？这是对图书馆人提出的巨大挑战。

德州市图书馆积极应对，活动尽量避免聚集，以线上宣传推广为主，利用新媒体开展多彩的阅读活动。

（1）线上广宣传，阅读学抗疫

通过图书馆官方网站、微信公众号、微博等多种媒体，多种方式、有针对性地开展疫情防控宣传，及时传递官方权威信息、宣传疫情防护知识、解读政策措施，引导公众不惊慌、不恐慌，科学抗击疫情，坚定全社会抗疫信心。

（2）"宅"家学防护，专家教抗疫

对普通市民来说，做好个人自我保护，就是为疫情防控尽一份力。图书馆充分利用公众普遍使用的公众号推送新型冠状病毒防疫安全公益课。如：《新冠病毒是如何飞速传播的》《中国疾控中心专家教您正确使用消毒剂》《办公场所预防怎么做》《新型冠状病毒感染的肺炎公众防护指南》等防控知识和信息，分别就新型冠状病毒基础知识、预防感染、就医治疗、误区以及国家卫健委公众预防指南做了详细的讲解，增强公众对新型冠状病毒肺炎这一新型疾病的认识和理解，培养健康良好的生活习惯，降低传播风险，提高公众安全防护意识。同时，专为儿童打造的《川远课堂科普加油站——新冠状病毒绘本乐园》等绘本内容，方便家长为子女介绍疫情，全家抗疫。

（3）线下变线上，活动别样火

2020年1月31日晚，由德州市图书馆和社会各界联合举办的"爱的力量——众志成城抗疫情"空中朗诵会通过微信群成功举办，小主持人、组织

人员通过线上文字、语音协调完成各自的分工，参加空中朗诵会的朋友们足不出户即可收听、收看大家的语音、视频朗诵作品。小读者们通过语音等形式向奋战在疫情一线的工作人员致以崇高的敬意。

除此之外，元宵佳节期间，除了线上微信展，市图书馆还开展了《若无彩灯赏，线上觅灯谜》活动，后期举办了"爱的力量–众志成城抗疫情"空中书画展，以及"为爱朗读，共克时艰"线上朗读征集等系列主题阅读活动。

2. 德州市网络图书馆（市民学习中心）"全民终身学习"主题活动

疫情防控时期，德州市图书馆闭馆不闭网，组织开展"全民终身学习"主题活动。首先通过微信公众号推出了"宅家必备"——德州市网络图书馆（德州市民学习中心）数字资源，让读者在家就可以使用数字图书馆的海量资源，满足广大市民写论文、听讲座、看视频、读名著等阅读需求。据后台统计，每天浏览量达到万人次。

德州市网络图书馆（市民学习中心），旨在充分利用本馆原有数字文献资源，实现资源的整合、统一检索、文献互助、互借，同时引进新型流媒体课程资源，最终建成学习中心系统。给每位读者提供一个全新的终身学习模式。德州市民学习中心提供海量数字学习资源，其中16万集学术视频、100万册优质电子书、1000门慕课课程、400家报纸、4亿篇论文、200万篇文档资源。

德州学习中心的建设目标是面向德州市全体市民读者，融合各类学习平台和资源库，接轨国家数字资源库，共享共建学习资源，形成多方参与、满足学习型社会需求的终身教育学习网络服务体系，为市民提供在线学习、资源搜索、生活休闲、文化娱乐等全方位、个性化的服务，建立市民数字化终身学习档案，构建终身学习服务体系。学习中心覆盖素质教育、社区教育、家庭教育、农村教育、老年教育、妇女教育、职业培训和在职学历教育等领域。

（二）联合各数字资源厂商，建立共享阅读服务平台，开展线上阅读推广活动

1. 德州市图书馆为拓展数字资源阅读平台，与多家阅读平台合作，向读者免费开放。

2020年以来，免费开放的资源平台有：万方数据中小学数字图书馆（pc专用版）、如一乐乎线上资源平台、MET全民英语、设计师之家资源库、《中华优秀传统文化百科知识库》、贝贝国学教育数据库、读联体·数字共享阅读服务平台、Artlib线上展览、"悦读·悦听·悦览 码上同行"阅读推广公益行动等。

这些资源平台和数据库，涉及文献资源种类多，范围广，能满足不同年龄段、不同读者的需求，让读者宅在家里就可以在线读名著、听讲座、学英语、学设计、学国学、看视频、做手工、看展览、逛景点等；深受广大读者的欢迎。

2. 德州市图书馆与其他线上平台合作，依托互联网，开展线上阅读推广活动。

2020年，市图书馆联合湖北三新文化，开展了首届"百社千馆万人读"暨2020线上全民阅读活动。2021年，依托MET少儿英语平台举办"中华经典国学英文绘本在线诵读"、依托中华诗词库举办中华诗词赏析系列活动、依托中国知网举办"生活中的微知识"竞赛活动、联合云图有声图书馆举办"'阅'动冰雪，情系冬奥"——10天读懂冬奥会听书打卡活动、联合新语听书举办"喜迎国庆，满城书香"活动、依托ALVA知识学习园地举办"畅游海底世界"海洋知识AR互动体验线上答题、"中秋读书答题赢好礼"联合神州共享举办"中秋佳节，行'飞花令'、一颗红心跟党走，参与答题赢好礼！，赢取精美好礼，感受古人雅趣！"活动、依托QQ阅读举办中秋读书答题赢好礼活动、与川远科技联合举办寻找21天"悦"读打卡达人等等。

这些线上阅读推广活动极大推广了数字阅读资源阅读平台的同时，部分平台配以精品音效制作，给读者带来知识与听觉的双重感受。

五、德州市图书馆组织举办各种读书比赛活动，以赛促读，激发读者阅读热情，推动阅读推广。

为了促进全民阅读活动的大力开展，激发读者们的读书热情，奖励优秀读者，德州市图书馆与山东省图书馆合作，积极参与省图组织的全省系列竞赛活动，依托省馆征集平台，逐级有序组织开展，联合各县市，举办了全市各种读书比赛活动。近年来，举办的比赛活动主要有读书征文比赛、读书朗诵比赛和读书故事会比赛三种形式。

（一）举办读书征文活动比赛。

德州市图书馆近年来举办了以下读书征文活动。具体见表3-6所示。

表3-6: 2019—2021年读书征文活动

时间	赛名	主题	征文内容
2019年6月	德州市第十七届青少年读书征文活动	庆祝新中国成立70周年主题征文活动	围绕建国七十周年，回想历史、思考现状、展望未来，表达对祖国繁荣富强、中华民族伟大复兴祝福和期望等。
2020年1月	2020年"带一本书回家过年"读书征文活动	书香回家路	"我的阅读，我的感悟，我的分享" 读后感、书评或荐书稿。
2020年4月	德州市第十八届少年儿童读书征文活动	阅读悦美，抗疫有我	结合自己或身边的抗疫事迹，以及个人感受，抒发自己的真实情感。
2021年2月	首届省会经济圈城市中小学生书香妙笔征文活动	红色基因我传承	铭记革命历史、传承红色基因。弘扬中华传统文化。也可记录身边的真善美。
2021年5月	德州市第十九届少年儿童读书征文活动	庆百年华诞做华彩少年	围绕建党100周年，描述建党以来取得的辉煌成就，讴歌党、讴歌祖国、讴歌人民等。

以上这些征文活动适应社会和时代的发展，具有鲜明的主题和时代特征，让读者通过阅读结合时代发展的实际，去抒发自己的感想、感受和感情，去弘扬社会正能量，对培养青少年正确的人生观、价值观具有重要作用。

如德州市图书馆举办的以"阅读悦美，抗疫有我"为主题的第十八届全市少年儿童征文大赛活动，是正值全国人民众志成城打响武汉抗疫保卫战和全国防疫阻击战之际。其比赛的主旨是：为激励大家共同努力抗疫，让每一个人都要发出自己的声音，为抗"疫"胜利呐喊助威。为奋战在疫情防控一线的工作人员加油点赞！

（二）举办读书朗诵大赛

教育专家认为，"道德""情操""品行""气质"等人文素养，很难养成，要依靠陶冶、耳濡目染、潜移默化来养成。读书朗诵活动让学生熟诵于口，濡染于心，使经典作品成为提升学生品性和修养的精神养料。同时，一些诗歌、散文或优美的片段，只有在不断吟诵中才能体现其神韵。读书朗诵活动的开展有助于对经典作品的理解，也有助于提高学生的审美情操。

德州市图书馆近年来举办了以下读书朗诵大赛。具体见表3-7所示。

表3-7: 2019-2021年读书朗诵大赛

时间	赛名	主题	活动内容
2019年4月	德州市第十届读书朗诵大赛	书香为伴 礼赞祖国	内容积极健康向上，以礼赞祖国、传承优秀文化、快乐阅读为主。
2019年8月	德州市第二届少年儿童读书朗诵大赛	扣好人生第一粒扣子	诵读内容为国学经典篇目，诗歌、散文、小说等体裁均可，符合时代发展形势。
2020年4月	德州市第十一届读书朗诵大赛	阅读·与爱同行	以朗诵的形式，讴歌英雄、讴歌时代、讴歌伟大的祖国
2021年4月	德州市第十二届读书朗诵大赛	颂红色经典 庆百年华诞	歌颂爱国情怀，传承红色精神
2021年9月	德州市第三届少儿诗词诵读大赛	致敬红色经典 赓续精神力量	诵读老一辈革命家的经典诗词，传承红色精神。

　　这些比赛都是经过从基层选拔，层层过关斩将，选拔出优秀选手参加总决赛。每一场比赛都形式多样，节目精彩纷呈，每一场比赛都呈现给观众的是一场丰富的文化大餐，让观众在品味朗诵韵味的同时接受更多的艺术熏陶。

　　每一场比赛都为小选手们提供了展示自我的舞台。参赛的小选手们个个精神饱满，声情并茂，创意新颖。精彩的诵读，饱满的情绪，赢得了观众们的一致好评和赞美，现场气氛热烈、欢声雷动，掌声此起彼伏。

　　每一场比赛都为社会增添了正能量。有的用声音致敬经典，用情感歌颂传承；有的讴歌英雄，讴歌时代；有的点赞好人好事，讴歌我们伟大的祖国。不仅丰富了人们的精神文化生活，更用实际行动助力"全民阅读"。

　　（三）举办青少年读书故事会比赛活动

　　德州市图书馆与省图书馆合作，联合各县市区图书馆，近年来，举办了以下青少年读书故事会重大赛事。具体见表3-8所示。

表3-8: 2020-2021年青少年读书故事会比赛

时间	赛名	主题	活动内容
2020年1月	首届德州市青少年读书故事会	讲好德州故事·传承优秀文化	讲述经典传统故事、红色故事、校园故事、家庭故事、民间故事、成长故事等，故事可改编，鼓励对故事进行再创作。
2021年3月	第三届全省青少年读书故事会	传承红色基因争做华彩少年	讲述发生在山东当地或山东人的红色故事，传承英雄精神，抒发对英雄和祖国的热爱。
2021年12月	德州市第三届青少年读书故事会	阅读修德 美在身边	讲述发生在身边的自然之美、生活之美、榜样之美等故事，符合社会主义核心价值观和正确的审美观念，传递正能量。

这些故事会比赛活动，场场精彩纷呈。经典传统故事、红色故事、校园故事、家庭故事、民间故事、成长故事等，经过小读者们的创作，有的用语言娓娓道来，有的用小剧本的形式生动展示，将中华民族从古到今一个个英雄模范人物、平凡的好人好事展现在听众们面前，展示了小选手们丰富的想象力、语言的感染力。使听众们受到深刻的艺术感染。

综合以上德州市图书馆所举办的读书征文比赛、朗诵比赛、故事会比赛等重大赛事，可以看到，这些赛事的举办紧跟时代发展的脉搏适时举办，主题符合时宜，极大地引领和激发了广大读者阅读的方向和热情，达到了"以赛促读"的目的，提升了阅读的效果和深度。

第四节　德州新华书店案例

山东新华书店集团德州分公司（以下简称德州新华书店）下辖10个县（市、区）分公司，是德州市规模最大、实力最强、服务最专业的图书发行商和渠道运营商。以图书、电子产品、报刊发行，空中课堂，研学旅行、文化旅游，文化产品销售为主要业务。公司先后获得"全国守合同重信用企业""全国新闻出版行业文明单位""全国新华书店系统先进集体""山东省消费者满意单位"等各级各类荣誉称号100余项，被确定为"山东省文化产业示范基地"。

新华书店作为公共文化聚集地，在传播科学文化，推动全民阅读等方面担负着不可替代的责任。德州新华书店作为德州的文化机构，紧紧围绕广大读者多元化文化需求，大力创新策划系列品牌文化活动，推出了"名人读者见面会""新华·崇德书房大讲堂"文化品牌"新华·书香研学旅行"经营项目，开展了地方文献阅读推广活动，在促进"全民阅读、建设书香德州"中，发挥着重要作用。

一、新华·崇德书房大讲堂—德州记忆讲堂

为丰富市民文化活动，全民共享文化盛宴，德州新华书店特为广大读者打造了新华·崇德书房大讲堂系列活动。新华·崇德书房大讲堂系列活动包括德州记忆讲堂、名人名家讲堂、传统文化讲堂、科学艺术讲堂、生活保健讲堂五大类引领时尚生活的文化活动，致力打造当地的文化教育中心、社会交往中心、时尚体验中心，建设当地富有鲜明地域特色的文化新地标。

（一）活动概况

德州记忆讲堂是崇德书房大讲堂的子品牌，为助推德州市全民阅读活动的开展，积极响应德州市委、市政府"书香德州"建设的要求，弘扬和挖掘德州地域文化，德州新华书店联合德州市文联，推出"新华·崇德书房大讲堂—德州记忆讲堂"活动。该活动是新华书店打造的重点文化活动品牌，成为德州新华书店开展地方文献阅读推广的典型案例。

活动以"弘扬德州文化，唤醒德州记忆"为主题，由德州知名地域文化学者主讲，通过活动让广大市民深入了解德州历史文化、民俗文化，探寻德州文化渊源，让优秀的地域文化走进新华·崇德书房，让地域文化讲座唤醒德州记忆，把新华书店打造成德州的文化教育中心、社会交往中心、时尚体验中心，通过公益讲堂，营造阅读氛围，培育崇德向善的地域自豪感。

2019年9月，活动启动后，德州新华书店招募公益地域文化主讲人，报名人数不限。得到社会的关注，德州知名地域文化研究专家、学者报名担任主讲人，学者主讲的德州记忆讲堂受到州城读者热捧，每次讲座都座无虚席。

2019年10月24日下午，德州新华书店邀请德州学院季桂起副院长、德州档案局张明福副局长、德州学院文学院黄金元院长、德州市政协文史委王德胜副主任、德州市作协邢庆杰主席等地域文化学者，在新华书店七楼会议室召开了"新华·崇德书房大讲堂—德州记忆讲堂"学者座谈会。参加会议的学者就"德州记忆讲堂"进行了研讨，提出了很多建设性意见，市文联和新华书店的领导为"德州记忆讲堂"主讲人颁发了聘书。特邀主讲人的聘用，为打造"德州记忆讲堂"这一文化名牌奠定了坚实的基础。

（二）活动特色

1. 学者主讲、公益推广

为助力"书香德州"建设，打造德州市地域文化活动品牌，参与公益讲堂的主讲人均为德州知名地域文化研究专家、学者、地域文化作家，活动面向全体市民，免费报名参与，不收取任何费用。

2. 具有鲜明的地域特色

讲座活动以德州地域、德州人文、德州民俗、德州文化为核心，围绕地域文化图书、德州特色文创产品，进行文化传播及阅读推广。

3. 搭建互动交流的平台

针对历史文化、民俗文化等进行面对面交流，让专家和市民进行零距离接触，创立新华书店文化活动新形式。并成立"德州记忆书友交流群"，让文化交流常态化，进而提升"德州记忆讲堂"影响力和黏性。

（三）活动主题案例

"德州记忆讲堂"活动是德州新华书店打造的重点文化活动品牌，从2019年9月开讲以来，共开展了六期，活动主题鲜明生动，具有鲜明的特色和代表性。

1. 德州记忆讲堂——主题：德州历史文化沿革

2019年9月8日，"新华·崇德书房大讲堂—德州记忆讲堂"第一期活动在崇德书房开讲。由特邀主讲人中国民俗学会会员，德州民俗专家王德胜老师主讲。

德州建城至今623年，6个多世纪以来，至少有30代人从生到死，代代相传，用不停歇的双手和无穷的智慧，在鲁北平原上创造出这座独具魅力的城市——德州。我们在德州这座城市里出生长大，在德州这座城市里工作生活，在德州这座城市里欣赏沿途的风景，可关于德州的城市记忆我们又了解多少呢？

主讲人王德胜从六百年前德州建立起娓娓道来，为德州市民解读了600年来德州的街巷变迁、历史遗存、民风民俗和民生百态，使许多家庭一家三代人共同回顾德州600年那些精彩瞬间留存和珍贵史料。王德胜老师通过两次精彩的演讲，让德州市民深刻了解了德州六百年来历史的变革。

2. 德州记忆讲堂——主题：德州明清仕宦家族

2019年11月30日上午，地域文化学者张明福老师应邀做客新华·崇德书房大讲堂，以《德州明清仕宦家族》为主题，讲述明清时期作为经济繁荣文化兴盛的运河名城德州所出现的仕宦家族（文化世家），70名地域文化爱好者通过线上报名参加活动。

张明福老师用德州众多翔实的仕宦家族发展史料，说明了德州明清仕宦家族现象对德州社会、政治、经济、教育发展的重大作用和意义，给市民上了一堂生动的教育课和家庭教育课，为德州人重拾文化自信，重视家庭教育，营造全社会重视教育的良好风气指明了方向。

通过张明福老师的讲解，大家初步了解了明清时期德州在全省全国所处的地位，用现代的眼光分析研判对德州地域的传统文化应该继承什么，如何用老祖宗留下的优良传统来建设社会主义时期的新德州，更好地促使大家为德州的经济强盛、市民幸福以及德州文化的复兴等做出自己的贡献。

3. 德州记忆讲堂—主题：传统手工皮匠

2019年12月22日，德州新华书店邀请德州手工皮具匠人贺玉平走进新华·崇德书房大讲堂—德州记忆讲堂，为市民带来"传统手工皮匠"专题讲座。本期活动旨在继承德州老一辈的匠人精神，传承德州手工皮具技艺。

贺老师首先讲解了手工皮具的历史。谈到手工皮具我们第一反应想到的肯定是欧洲国家，欧洲的高级手工皮具已有近200年历史。但客观地说，在我国历史上，皮匠曾有过比较发达的地位。在德州的工匠记忆中，拥有像德州扒鸡、老粗布、黑陶、刺绣、剪纸等多种形态的传统工艺。德州数位匠人们传承着我们德州人的匠心精神。其实大家并不知道，在我们德州历史上很早就有手工皮具技艺。

通过贺玉平老师的讲解，不仅使参与者了解了手工皮具的历史，而且通过现场演示手工皮具的制作工艺，帮助恢复德州皮匠技艺。

在制作腰带活动过程中，参与者在贺老师的示范指导下，亲自体验到对皮具的磨边、染色、压印、冲孔、皮面处理等有趣的工序操作，体会到动手的乐趣。手工皮具一针一线都要求做到精雕细琢，每一件手工作品都能闪耀出时尚、典雅、华丽迷人气质。随着社会的不断发展进步，手工制品不仅仅是一个皮包或者皮带，它也是一种生活态度，一种文化，更是一种记忆。

4. 德州记忆讲堂——主题：德州扒鸡 神州壹奇

文化是一个民族生存方式的载体，也是一个民族精神的承载。民族因文化而存在，以文化而传续。在今天，我们要建设具有自身民族特色的现代文化，就必须继承曾经有过的文化遗产，其中地域文化和我们身边的扒鸡文化即是一个重要的方面。

2020年1月12日，德州扒鸡集团位芙蓉老师应邀走进新华·崇德书房大讲堂—德州记忆讲堂，为大家讲解了扒鸡文化。位芙蓉老师从德州扒鸡的发明、品牌的创建到远销神州各地的发展历史，说明了德州扒鸡对德州的社会经济发展与德州的驰名神州所起的重要作用，并且解读为德州扒鸡的发展史就是一部德州扒鸡文化史，是中华民族地域文化的宝贵文化遗产。

5. 德州记忆大讲堂——主题：重拾德州人的文化自信

2020年10月17日上午，德州新华书店特邀地域文化学者张明福老师做客德州新华书店解放路店，为大家带来"重拾德州人的文化自信"专题讲座。

经德州地域文化的学习和研究中发现，历史上的德州，尤其是明中期到清中期的德州，曾是山东省的文化隆起带，有370多年的显荣期，时间跨度为明中期到清中期。在这370年中，德州一直是以全国文化高地著称。具体表现在：一是举人进士数量出现井喷。二是著名的诗人、文学家、经学家、史学家以及仕宦家族、文化世家大量涌现。三是流传后世的著作大量形成。四是国内顶尖文化名人不断造访德州。

本次讲座，张明福老师通过讲解明清德州370年的文化繁荣，以历史史实告诉大家，如何通过德州人民的共同努力，再次恢复德州在全国、全省文化高地的地位，号召德州市民重拾文化自信，弘扬主旋律，打造新的文化高地，为今天的幸福德州、文化德州建设作出应有贡献。

二、新华·书香研学旅行

（一）活动简介

"读万卷书，行万里路"这是我国自古以来学子学习的重要方法，也是当前中小学开展的研学旅行，以及冬季冬令营、夏季夏令营活动的由来。

中小学生研学旅行是由教育部门和学校有计划地组织安排，通过集体旅行、集中食宿方式开展的研究性学习和旅行体验相结合的校外教育活动，是学校教育和校外教育衔接的创新形式，是综合实践育人的有效途径。研学旅行寓教于乐，游中有学，是推进素质教育的一项重要举措，是课堂教学的延伸扩展，又是社会实践的崭新要求。

新华·书香研学是德州新华书店着力为广大中小学生研学旅行打造的专业旅行品牌，主要提供活动策划、组织中小学生开展研学活动、冬夏令营、社会实践、教育培训等活动。活动旨在加强和改进未成年人思想道德建设，推动学校教育与社会实践相结合。开展研学旅行是书店突破发展瓶颈，打破新华传统业务结构单一脆弱的局面，立足自身优势，培育新的经济增长点的一项战略举措，是书店集团多元发展第一主攻方向。新华·书香研学旅行促进了文化、旅游、教育三者之间的融合和发展，搭建起了服务教育和学生的新平台。

1. 活动源起

德州新华书店迈出研学旅行第一步，打造专业旅行品牌。在2017年，为积极响应国家11部委关于开展中小学生研学旅行工作的号召，德州新华书店组织全市书店经理赴安徽皖新传媒进行考察学习，借鉴其成功经验，5月份尝试与旅行社合作，开展了"新华·中青文化旅游"工作，打响"读万卷书，行万里路，尽在新华·中青"旅游品牌。从中积累经验、锻炼队伍，充分发挥文化资源优势，深入研究"文化"与"旅游"的相互融合。以服务研学旅行，培养中小学生的生活技能、集体观念、创新精神和实践能力为目标，积极开展研学旅行业务，搭建起了服务教育和学生的新平台，也为全面开启研学旅行活动奠定了基础。

2. 与德州市教育局合作，签订《战略合作框架协议》。

山东新华书店集团始终秉持"根植教育、服务教育"的经营理念，致力于把书店打造成为"一站式教育服务商"。2018年6月25日，德州市教育局、山东新华书店集团签订《战略合作框架协议》，这为加强顶层设计，在研学旅行等基础教育阶段，与当地教育局在各领域进行更加长期、全面、深入、紧密的合作打下了坚实的基础。不仅有效满足德州教育事业高质量发展的需求，也使德州新华书店在创新融合发展中取得了阶段性成效。

如今，蕴含千亿元规模的研学旅行市场，已成为全省书店转型升级新的发力点。德州新华书店从2018年暑期开启了"教育服务突破年"活动，通过深入研究相关政策，深挖当地旅游资源，首先开发了德州市8条研学旅行线路，根据山东省和周边省份研学基地情况，确定了10条省内研学旅行线路、12条省外研学旅行线路。同时协助教育局编写了《德州市中小学研学旅行指导手册》，以此为指导，全面开启德州市研学旅行业务活动。

3. 举行活动启动仪式

为落实《山东新华书店集团 德州市教育局战略合作协议》关于开展研学旅行工作的要求，由山东新华书店集团德州分公司主办，陵城分公司承办的"德州新华书香研学旅行体验营启动仪式"于2018年7月9日在陵城区举行。

德州市文化市场综合执法局局长江德勇，德州市教育局副局长史冠武，德州市旅游局副局长王福军，德州广播电视台副台长孙伟，陵城区委常委、宣传部部长时磊，陵城区政府副区长李臻，山东新华书店集团德州分公司党委书记、总经理郭玉森，部分县（市、区）教育局领导、各县（市、区）分公司经理以及德州中青旅行社总经理张平出席仪式。德州市旅游局副局长王福军在仪式上致辞。王福军副局长在致辞中指出，这项活动是对"文化+旅游"模式的创新探索，更是促进文化旅游事业惠及每位市民的有力举措。德州市文化市场执法局局长江德勇向营员代表授营旗。山东新华书店集团德州分公司党委书记、总经理郭玉森宣布"研学旅行体验营"启动。

这次活动仪式举办后，迅速开创了全德州市书香研学旅行体验活动新局面。例如：陵城分公司承办的"2018德州新华书香研学旅行体验营"活动，由"红色摇篮、革命基地"西柏坡研学游和"红嫂故里、英雄台儿庄"研学游两条主题线路组成。7月9日、10日，陵城区、德城区、庆云县、武城县、宁津县、齐河县等县（市、区）共1600余名学生相继分赴西柏坡、台儿庄、北京、烟台、曲阜等研学旅行基地。另外还组织了张北草原研学游；烟台、威海滨海研学游；西安、延安等地红色研学游；清华、北大、南京大学名校研学游；曲阜传统文化研学游等系列活动。其中，南京、北京等线路邀请了鲁冰、米吉卡等知名作家，以及德州电视台教育少儿节目主持人随团互动交流，收到了良好效果。全市共组织了36个旅行团、2300余名学生参加研学旅行活动。

（二）书香研学旅行体验活动案例

1."探访儒家圣地 传承国学经典"曲阜书香研学之旅

曲阜位于山东省西南部，是我国古代伟大的思想家、教育家、儒家学派创始人孔子的故乡。作为孔子故里、东方圣城、儒家文化发源地，1982年曲阜被国务院公布为首批历史文化名城，被西方人士誉为"东方耶路撒冷"，也是世界四大圣城之一。

2019年11月到12月，德州新华书店先后组织德州市太阳城小学、德开小学等学校的学生开展了以"探访儒家圣地，传承国学经典"为主题的研学旅行活动。选择曲阜作为学生研学旅行的目的地，意在通过体验古礼文明，追寻圣人足迹，感受儒家文化和孔子思想的博大精深，培养学生的民族认同感和爱国主义情怀。

走进至圣先师故里，同学们探寻孔府、孔庙深处，对话历史悠久的儒家文化艺术，了解孔氏家族家风家训，品味"万世师表"背后的深厚底蕴，丰富历史知识，积累人文内涵。通过探访至圣先师孔子故里，从孔府、孔庙里体会到了儒家学派倡导的"仁、义、礼、智、信"，了解了传承中华大地两千多年的儒家文明。

走进儒家研学基地，同学们探寻儒家思想起源，深度体验儒家经典，洗涤沁润心灵，感受国学的经典传奇。在儒家研学基地举行盛大的拜师礼。拜师礼是古代学子向师长虔诚致敬的规范礼仪，是尊师、敬师的崇高礼节。拜师礼不仅是一堂研学活动，更是一堂生动的优秀传统文化课程。学子们通过拜师礼学会尊师、敬师的崇高礼节，明白老师在自己学习、生活和成长中的重要作用，更加懂得尊师重道，心存感恩。

在曲阜研学旅行活动中，同学们了解了在中华大地上传承了两千多年的儒家文化，领略了中华传统文化的魅力，更将传统美德根植于心，同时也提高了实践能力，可以说是一次收获颇丰的研学实践之旅。

2. "千里京华梦 万里研学行"北京书香研学之旅

五千年中国看西安，一千年中国看北京。北京是中国五代古都，历史文化源远流长，有着丰富多彩的古代、现代人文景观，有着博大精深的文化底蕴。探访北京名校、参观博物馆、古今特色建筑课程学习构成了研学旅行的核心内容。

自2019年12月开始，德州市新华书店先后组织德州市第十五中学等学校，近千名中学学子怀揣着期望和梦想踏上北京研学之旅。同学们先后参观国家博物馆、故宫博物院、清华大学、圆明园，并在天安门观看升国旗仪式，受到深刻的教育。

国家博物馆介乎于古代与今朝、历史与艺术，是中国文化的宝库，更是研究中国近代历史不可或缺的资源。在这里，同学们联系课本知识，寻找着课本中的文物，加深教材印象。参观"古代中国"陈列展馆，通过展览的文物，学习中华上下五千年的渊源历史。同学们不仅了解了中华悠久的历史和文化，而且激起了为祖国富强而奋发学习的决心。

清华大学，是莘莘学子梦寐以求的地方，其前身清华学堂始建于1911年，因水木清华而得名。同学们走进国内顶尖学府，感受学术气息、品味大师风范，感受清华大学静怡、厚重之美。在清华优秀学子的带领下，参观清华大学校园，了解其前身和历史，感受百年建筑的风采。同时与清华学子面对面交流，坚定自强不息、拼搏进取的远大志向。

圆明园是清朝著名的皇家园林之一，有"万园之园"之称。圆明园始建于1709年，被毁于1860年。时过境迁，现在只剩下大水法等残垣断壁在控诉着外国侵略者的暴行。如今，这里已经成为爱国主义教育基地，可谓建筑的"残缺之美"。通过参观圆明园，同学们学习第二次鸦片战争时火烧圆明园的史实，参观大水法遗址、十二铜首复制品等，勿忘国耻、奋发图强，为中华之崛起而读书。

天安门广场是当今世界上最大的城市广场，它以其500多年厚重的历史内涵，高度浓缩的中华古代文明和现代文明，新中国的象征和无与伦比的政治瞩目和神往，是中国各族人民向往的地方。瞻仰人民英雄纪念碑，向为新中国解放事业献出生命的人民英雄致敬。外观毛主席纪念堂，向毛主席致敬。观看升旗仪式，了解天安门的地位和价值；庄严的升国旗仪式，给同学们上了一堂终生难忘的爱国主义教育课。

故宫也称"紫禁城"。这里曾居住过24个皇帝，是明清两代的皇宫，现辟为"故宫博物院"。故宫的整个建筑金碧辉煌，庄严绚丽，被誉为世界五大宫之一，被联合国教科文组织列为"世界文化遗产"。她是中华民族五千年文化和悠久辉煌历史的见证。

在研学过程中，同学们开阔了视野、增长了见识，积累了不少校外活动经验，同时更深层次的了解了中国历史，感受了历史文化，获得了人生中一次宝贵的成长经验。通过北京筑梦之旅，也让同学们心底埋藏的梦想的种子能够生根发芽，不断激励同学们为中华之崛起而读书！

三、名人读者见面会——名人进校园阅读推广活动

（一）概况

名人效应在阅读推广中具有很大的优势，他们以自身的知名度和影响力在校园阅读推广中起着重要作用。他们作为"阅读推广人"来激发阅读推广

对象的阅读热情和关注度，效果明显。多年来，新华书店与出版社合作特邀知名作家进校园开展讲座、分享自身阅读经历等丰富多彩的阅读推广活动，收到良好的效果。

（二）名人进校园阅读推广活动案例

1. 著名文化学者孙丹林教授德州阅读推广活动

2018年4月，为了迎接"世界读书日"，进一步推动全民阅读，助力校园文化建设，德州新华书店联合山东美术出版社特邀请著名文化学者孙丹林教授走进德州建设街小学、学院附小、新湖北路小学、平原第一实验小学、齐河第二实验小学、齐河第一实验小学等学校，进行了"五天九校"的校园阅读推广活动。

孙丹林教授在这些学校参加了形式不同的"读书节"启动仪式，并且开展了别具风格、不同特色，以"弘扬中华传统文化"为主题的讲座。

孙教授以汉字、诗词、楹联为基础，从汉字的起源开始，把汉字、楹联、诗词的文化知识通过有趣的历史典故、人物经历等等串联起来，让孩子们在妙趣横生的故事中了解传统文化，唤醒文化记忆，从而对中国的文字、诗歌乃至古典文学发生兴趣。孙教授鼓励学子们唤醒文化记忆、开启文化自觉、增强文化自信，奋发学习，把中华文化学好，弘扬中华传统文化。孙教授语言风趣，明白晓畅，感染力强，讲座现场气氛欢快热烈，同学们多次齐声回答孙先生提出的问题，不时响起阵阵笑声和热烈的掌声。讲座结束后，七十高龄的孙先生又不顾疲劳，给排成两队的孩子们签名留念，同学们能够与作家亲密接触显得十分兴奋，现场气氛火爆。

2. 著名儿童文学作家"辫子姐姐"郁雨君德州校园行活动

2018年5月21日—24日，德州新华书店联合明天出版社、山东文艺出版社邀请著名儿童文学作家"辫子姐姐"郁雨君，走进德州尚德小学、庆云县第四中学小学部、陵城区芦坊小学、陵城区神头中心小学、夏津县宋楼镇中心小学开展了以"爱上阅读 爱上写作"为主题的为期4天7校精彩讲座和小读者见面会。

一开场，"辫子姐姐"就用风趣的语言介绍了那个"爱臭美"、是个地道吃货的"杂食动物"的自己。接着通过生动有趣的故事和孩子们分享了自己在创作过程所撷取的许多生动感人的事例，讲述了她的阅读与成长的经历。

现场最精彩的当然是"辫子姐姐"《爱上阅读 爱上写作》的主题讲座。关于阅读，"辫子姐姐"用自己的创作故事告诉身边的大朋友、小读者：阅读有神奇的想象作用，阅读有催生画面的作用，放下手机，爱上阅读。同时，鼓励孩子们从自己的角度阅读各种书籍，做阅读上的"杂食动物"。关于写作，"辫子姐姐"介绍了写作的两大法宝："材料仓库"和"梦境记录本"，她用自己的创作故事现身说法，她告诉同学们，先要准备一个漂亮的"小作家日记本"随时随地记录灵感的火花，并且要热爱生活，关心和留意生活，从生活中寻找创作灵感。

通过作家进校园活动开启了孩子们的阅读旅程。浓厚了校园书香气息，更在学生们心中撒下了一颗颗阅读写作的种子，让他们爱上阅读写作，让梦想大放光彩！

3. 著名歌唱家、作家、新凤霞之女吴霜来德州进行校园阅读推广活动

2018年5月30日，德州新华书店联合山东画报社特邀请著名的歌唱家、画家和作家吴霜老师走进德州北园小学、德州实验小学，与学生面对面交流，开展了"励志与梦想"精彩专题讲座。

讲座中吴霜老师以母亲新凤霞的励志传奇故事为讲座的主题，为孩子们带来一场关于励志、梦想、创新和美的教育。通过讲座，使孩子们懂得坚持梦想，克服困难的重要性，同时在讲座中对我国传统戏曲"评剧"进行了介绍，激发学生关注中国传统文化，引导部分感兴趣的同学接触评剧艺术，感受中国戏曲文化的魅力。吴霜老师的讲座生动有趣，引人入胜，不时引来同学们的热烈掌声。

4. 曹文轩教授读者见面会暨德州校园行活动

为了推动全民阅读，构建书香社会，德州新华书店特邀著名作家曹文轩

教授于2018年11月21日晚莅临德州新华书店，给读者带来以"入阅读之境 开写作之门"为主题的名家公益讲座。

在讲座中，德州综合广播《大家朗读》节目主持人张锦与曹文轩教授就朗读和写作方面的问题与听众朋友进行交流互动。在活动现场，曹文轩教授畅谈了自己多年来对德州的深刻印象以及为什么喜欢文学等话题。同时，他希望主持人日后在德州综合广播开办的《大家朗读》这档节目中，更多的普及朗读方法和技巧，吸引更多的读者参与到全民阅读中，激励更多的人多读书，读好书。

另外，德州新华书店邀请曹教授走进德州学院附属小学、北园小学、湖滨北路小学、实验小学四所学校，与孩子们见面，以独特的视角与方式，带领孩子们走进写作的新世界。他勉励孩子们，要热爱阅读，只要在心中埋下一颗种子，梦想终会发芽并长成参天大树。

曹教授通过讲故事、讲作文的方式，结合自身的生活、写作经历向孩子们阐述了关于读书和写作的真谛。曹教授告诉孩子们，写作要从自己亲身经历的事情开始，写真人真事，做一个生活中的有心人，要善于观察和发现，把生动感人的生活细节积累下来，这样才能写出真情实感的文章来。他勉励孩子们：财富不在远方，财富就在我们自己的脚下；未经凝视的世界是毫无意义的；好文章离不开折腾；天堂是一座图书馆。曹教授的讲座生动有趣，引人入胜。孩子们认真倾听及时记录，见面会后，孩子们的思维火花转化成了一条条沿着笔尖流淌的文字，带领孩子们的思想奔向远方。

通过曹文轩教授读者见面会暨德州校园行活动，希望德州的莘莘学子在今后的学习生涯中品读更多的文学佳作，让优秀作品引领他们快乐健康地成长。

第四章　德州地区部分县（市）区阅读推广案例赏析

第一节　陵城区图书馆案例

一、亲子阅读

陵城区图书馆作为公益性的社会文化教育机构，已成为少年儿童的第二课堂。图书馆通过开展一系列活动来引导孩子们多读书、读好书，让兴趣激发阅读，让阅读成为习惯。近年来，亲子阅读已成为陵城区图书馆为少年儿童打造的特色活动。

（一）亲子阅读概念与意义

儿童阅读对儿童自身和社会与国家的发展都很重要。由于儿童特有的生理和心理发展特点，亲子阅读成为儿童阅读的常态，也是儿童阅读最好的方式之一。

所谓亲子阅读，也称为"亲子共读"，是指父母和孩子围绕图书展开讲述、讨论、交流的一种分享性的、个性化的阅读活动。

也就是说，亲子阅读是以书为媒，以阅读为纽带，让父母和孩子共同分享多种形式的阅读过程，在孩子早期阅读中发挥着重要的作用。

亲子阅读对儿童身心发展和成长及良好亲子关系的建立具有重要意义。

1. 对孩子来讲，阅读是语言学习的一条捷径，良好的早期阅读能够有效地塑造幼儿健全的人格和良好的性格，也能促进幼儿的情感发展。亲子阅读在孩子早期阅读中发挥着重要作用，能够激发孩子的阅读兴趣，培养孩子的阅读习惯。

2. 图书是孩子认识外在世界的重要渠道，亲子阅读让孩子从小体会阅读的价值、享受读书的乐趣，能够培养孩子良好的阅读习惯和自主阅读能力，这些阅读品质将使孩子终身受益，会给孩子将来的学习、社会适应和文化修养等打下良好的基础。

3. 亲子阅读，不仅仅是一种学习的方式，同样也是一种父母和孩子之间沟通交流，放松彼此的一种方式。通过亲子阅读，能够增加父母与孩子的情感交流，可以有效提升亲子关系，使父母与孩子共同学习，一同成长，促进家庭和谐。

（二）亲子阅读活动案例

为了帮助读者更好地开展亲子阅读，引领孩子们走进图书馆，爱上阅读，2019年11月2日，陵城区图书馆联合悠贝图书馆，共同举办"大语文时代，如何开启亲子阅读之门"推广活动。特邀请悠贝高级阅读讲师王纪欢举办亲子阅读讲座。通过这次讲座，图书馆开启了亲子阅读之门，此后，连续举办了一系列亲子阅读活动。

1. "走进绘本 让童年更美"亲子阅读活动

2019年12月1日，区图书馆开展"走进绘本 让童年更美"亲子绘本阅读活动。

此次活动共有20多组家庭50余人参加，现场气氛热烈。幼儿通过故事表演、图片制作、亲子阅读等方式，将自己喜爱的绘本与同伴、父母相互分享，孩子们都沐浴在书香之中，认真阅读自己喜欢的绘本，在轻松愉快的氛围中体会绘本的乐趣。

2. "粽情端午 弘扬传统文化"端午节主题亲子活动

为弘扬中华民族传统文化，2020年6月23日，陵城区图书馆举办了端午节主题亲子活动。

活动以"粽情端午 弘扬传统文化"为主题，有15组家庭积极参与。老师首先向小朋友们介绍了端午节的相关来历、传说故事和习俗活动等，通过讲解，加深了小朋友们对端午节的理解和认识。然后，进行亲子包粽子活动。在包粽子过程中，家长们在一旁辅助小朋友，在动手过程中不仅增进了亲子之间的感情，也让小朋友们对端午节有了更深层次的了解。

通过本次活动，弘扬了中华传统文化，传承了中华民族美德。将传统文化与文明创建相结合，不仅使大家感受到浓浓的传统文化氛围，还让大家在参与活动的同时，丰富文明城市创建知识，提高文明意识。

3. "迎中秋 庆国庆"亲子阅读活动

2020年，在中秋、国庆来临之际，陵城区图书馆举办了"迎中秋 庆国庆"亲子阅读活动。

参与是一种快乐，创造是一种享受，合作是一种幸福。活动中，家长与孩子共同阅读绘本《国庆节》《中秋节》，共同制作小灯笼。通过亲子阅读活动，让孩子们在阅读绘本中增长"双节"知识，使他们从小接受传统文化熏陶，铭记国庆节非比寻常的意义。通过亲子制作小灯笼提高了幼儿的动脑、动手能力，促进了亲子情感和谐。

图书馆组织开展的亲子阅读系列活动，形式灵活多样，内容丰富多彩，促进了亲子共读、同伴共读，营造了和谐阅读的良好氛围。

二、文化进基层阅读推广

多年来，陵城区图书馆发挥文化阵地作用，积极开展文化进基层阅读推广活动，助力陵城文明建设。

（一）文化进社区、进公园阅读推广活动

为丰富广大居民的精神文化生活，提升居民的科学文化素质，提高图书馆知晓率、利用率，充分发挥公共图书馆作用。2019年10月31日，陵城区图书馆组织开展以"书香陵城 全民阅读"为主题的进社区、进公园阅读推广活动。

活动中，小区市民对流动书车上的图书非常感兴趣，每人都挑选到自己

喜欢的图书，并围坐在一起进行读书交流、好书推荐和分享阅读心得。图书馆工作人员向大家详细介绍了图书馆免费开放、免费办理借书证和图书借阅流程等，积极引导居民群众热爱图书、爱上阅读，养成"好读书、多读书、读好书"的良好习惯，倡导社会文明风尚。

（二）欢度中秋 喜迎重阳——送文化进敬老院活动

2019年9月11日，在中秋节和重阳节来临之际，陵城区文化和旅游局、区图书馆联合弘德社会工作服务中心、关爱艺术团走进产业园区养老公寓，为老人们送去《中国老年报》《健康》等200余份报刊和精彩的文艺节目。

此次活动旨在弘扬中国传统节日，一是丰富老年人的精神文化生活，让他们切身感受到社会大家庭的温暖；二是增强市民的社会责任感，鼓舞大家积极为创建全国文明城市、营造和谐的社会氛围贡献力量。

第二节 齐河县图书馆案例

一、书香之旅——少儿参观体验图书馆

从小培养孩子的图书馆意识非常重要，齐河县图书馆经常组织少儿参观体验图书馆，宣传图书馆的资源和服务，培育孩子爱阅读、会阅读的习惯。通过宣传推广，使孩子的图书馆意识在幼小的心灵里生根发芽。

（一）书香映初心 悦读伴成长—齐河县幼儿园来图书馆参观体验

为了让孩子们亲身感受图书馆浓浓的读书氛围，从而爱上阅读，2019年12月5日下午，县第二机关幼儿园中班的同学们在老师带领下，来到了县图书馆开启了知识殿堂之旅。

在图书馆工作人员的引领下，小朋友们陆续地参观体验了朗读亭、电子借阅机、阅览室、借书室等。图书馆工作人员还现场为这些小读者们办理发放了借阅证。在阅览室，图书馆员介绍了浏览期刊报纸的规则，以及文明借阅的流程和注意事项；在借书室里，图书馆员用富有童趣的语言，讲解了图书的分类和排架知识，让孩子们迅速地明白了图书的分类，书架的排列规

律；在借阅管理系统计算机前，图书馆员细心、耐心地给孩子们演示了图书借阅、归还的操作流程，传授了延长图书寿命的技能。整个参观过程孩子们好奇、兴奋、兴趣浓厚。

最后，孩子们挑选了自己喜欢的书籍，遨游在书的海洋里，孩子们的眼神不仅流露出了新奇，更多的是对图书世界的向往。

此次的参观体验活动，让孩子们不仅了解到了图书馆的基本情况，知道了图书馆具有丰富而全面的藏书，而且能亲身感受到图书馆浓浓的读书氛围。这次参观活动，对孩子们来说，意义非凡，既开阔了幼儿的视野，又提高了幼儿的阅读兴趣，为幼儿心灵深处播下了一颗求知、乐学的种子。让阅读成为孩子的一种快乐、一种享受。

（二）缤纷冬日 书香之旅——齐河小记者来馆体验智能借阅的乐趣

2019年12月，齐河小记者们来到县图书馆参观，体验了一把科技与阅读相结合的魅力。

在工作人员的引导下，小记者们逐一参观了一楼大厅、借书室、阅览室等服务区，受益颇多。在借书室，工作人员对如何进行借阅图书进行了现场讲解和演示，并向小记者讲解了图书馆各分区的功能，耐心解答了大家的各种疑问。动动手指点一点、扫一扫，就可以把书"放进口袋带回家"。自助借阅触摸屏，这种现代化的阅读方式让小记者们大开眼界，孩子们争先恐后地在屏幕上"指指点点"，眼睛也随着电子屏画面不停地转动。

参观结束后，孩子们又体验了一把中国四大发明之一的活字印刷术。孩子们亲手体验排版、上墨、铺纸、印刷等工序，并印制了中华经典古诗，领略到了古代印刷技术的独特魅力。

这次的参观体验活动，使小记者们经历了一次智能化的阅读体验，感受到了图书馆浓厚的读书氛围，知道了读书的重要性。

二、设立图书阅读服务点，开展流动图书服务

图书流动车以方便、快捷、灵活等特点，走出馆门，进入广场、社区、

学校、机关、部队为广大群众提供更加方便的服务，齐河县图书馆通过开展流动图书服务活动，传播文明风尚，营造浓厚的读书氛围，进一步拓宽服务范围，实现资源共享，使公共图书馆的服务不断向基层延伸。

（一）齐河县新春流动图书进社区活动

2019年1月22日，齐河县图书馆流动图书车开到永锋嘉园，在春节前夕为社区群众送上了文化盛宴。

虽是寒冬，但社区群众读书热情依然高涨，纷纷上车挑选自己喜爱的书籍，还有不少读者咨询办理儿童借阅证的事宜。

此次活动现场办理借阅证20余张，即办即借。

另外，车上还为读者提供饮水、空调等免费便民服务。

（二）以书传情 致敬英雄——县文化和旅游局为山东省援助湖北医疗队搭建阅读专区

按照县委、县政府安排，2020年3月，县文化和旅游局在山东省第四批和第八批援助湖北医疗队下榻的阿尔卡迪亚温泉酒店，设立"图书阅读服务点"，为战"疫"英雄们送去精神食粮。

县文化和旅游局为援助湖北的医疗队员们精心挑选千余册图书，涵盖生活百科、医学知识、心理健康、文学经典等类型，送达入住酒店。同时，把消毒杀菌工作放在首位，每本图书都进行了消毒杀菌，为进一步确保借阅安全，送去智能图书杀菌机一台，轻松30秒，就可以实现书籍的"消毒清洗"。

（三）县图书馆"流动图书服务进军营"活动走进武警齐河中队

在"八·一"建军节到来之际，县图书馆图书流动服务车到武警齐河中队开展流动图书服务进军营活动，进一步推动学习热潮，丰富武警官兵的精神文化生活。

针对官兵们对文化书籍的需求，图书流动服务车送去了有关政治、军事、人文、历史等方面的图书1000余册，以此加强军民共建，促进部队学习型军营建设，让书香充溢军营，营造良好的全民阅读氛围。图书流动服务车一到，官兵们便列队到车厢内寻找心仪的书籍。同时，通过工作人员的现场讲解，增进了官兵们对我区图书馆服务功能的了解。

县图书馆通过建立流动图书点、开展公益讲座、举办展览等活动走进军营，为部队提供多元化服务，推进军民融合发展，切实将文化拥军落到了实处。

第三节　夏津县图书馆案例

郿城百日诵读是夏津县图书馆近年来承办的阅读推广品牌活动，活动开展以来社会反响强烈，由此掀起了夏津县全民阅读高潮，下面与读者探究和分享。

一、活动概况

郿城百日诵读活动是由夏津县关工委、县教育局、县文体广电新闻出版局等部门于2016年联合发起，由县图书馆承办的一项全民阅读公益活动。诵读活动旨在引导和鼓励广大市民、广大师生养成多读书、读好书的良好习惯，营造勤奋读书、努力学习、健康向上的文化氛围，形成文明的社会风气，助力"书香夏津"建设。

郿城百日诵读活动是夏津县推进全民阅读、建设书香社会的重要举措。夏津县每年在世界读书日隆重举行百日诵读活动启动仪式，举办不同主题的诵读活动，活动面向全县市民群众和广大师生，持续时间长至半年，短至三个多月。自2016年首届郿城百日诵读活动举办以来，截至2021年，活动已举办了六届，每届活动都有鲜明的主题（见表4-1）。郿城百日诵读活动已成为夏津县品牌文化活动，为广大群众和师生创造了必要的阅读条件，形成了人人参与的良好氛围。

表4-1： 夏津县鄃城百日诵读活动主题表

活动时间	活动届时	活动主题
2016年4月	第一届	书香夏津•全民阅读
2017年4月	第二届	品味书香•多彩夏津
2018年4月	第三届	品味书香•共筑中国梦
2019年4月	第四届	筑以书梦 礼赞祖国
2020年4月	第五届	阅读与爱同行
2021年4月	第六届	颂红色经典 庆百年华诞

二、活动实施方案

鄃城百日诵读活动是由夏津县委宣传部、夏津县关工委、夏津县教育局、夏津县文化和旅游局等部门联合主办，夏津县图书馆承办，夏津县新华书店、夏津县朗诵艺术家协会、夏津县少儿文化艺术学校等协办的阅读推广品牌活动，活动宗旨为让阅读成为习惯、让学习成为享受、将坚持变成品质。

（一）活动目的

1. 通过阅读，丰富读者的心灵世界，提升读者的知识储备，从而为提高学习成绩打下坚实基础；

2. 致力于改变我们和孩子不愿阅读、较少阅读的现状，培养良好的阅读习惯；

3. 鼓励孩子树立坚持、毅力、不轻言放弃的好品质，奠定一生成功的基础。

（二）活动规则

1. 每天坚持阅读至少10分钟有一定水准的文章片段。（可以是优美的句子、段落、诗词、歌赋、名言、警句等），熟读5遍后能够尽量背诵。阅读的文章家长们可以自己寻找或到图书馆借阅书籍；

2. 每一天至少读两遍你所学到的句子；

3. 每天22点前，用手机把学员读书的镜头拍照后发送到微信朋友圈中，届时郼城百日诵读组委会老师们及您的朋友亲人都会通过点赞和评论鼓励，让学员感到所有人的关心，从而达到自主学习的终极目标。

（三）活动要求

1. 发布到朋友圈时请您标注清：【第几届郼城百日诵读】计划第XX天。XXX（您的名字）诵读了"XXX文章或片段"，用时12分钟。

2. 连续诵读100天不可中断，否则将被淘汰出局（以朋友圈显示的数目为准）。

（四）活动奖励

1. 活动分幼儿组、少儿组、成人组进行评选奖励，请参与者按分类加入微信群参与诵读活动。

2. 坚持诵读10天，郼城百日诵读组委会的老师便会跟踪您的每天诵读情况，不定时的给惊喜的小礼物。

3. 坚持50天，将会成为郼城百日诵读组委会重点关注对象，不定时的给惊喜的中等礼物。

4. 坚持100天，将会成为"郼城百日诵读之星"，参加大型颁奖晚会，并颁发奖杯。

5. 举办大型颁奖晚会，届时会有专业的语言培训口才的老师和朗诵艺术资深老师联合，免费辅导一场精彩的汇报演出，为你们的坚持喝彩！

（五）参与方式

扫码关注夏津县图书馆微信公众账号（xjxtsg），及时了解诵读活动进展。

三、百日诵读活动的延伸——百日诵读大赛

百日诵读大赛是为了检验孩子们的读书效果而举办的赛事活动，目的是为了进一步强化孩子的读书行为，从而提升其阅读与写作能力，使他们语文综合素养得以加强，让普通孩子因读书走上舞台，成为社会关注的焦点，进而营造良好的读书氛围，推动全民阅读在全社会的顺利推行。

诵读大赛一共分为三个阶段：初赛——复赛——决赛，"百日诵读"活动中坚持下来的孩子们都可以参与，只要你想展示自己，图书馆就会为你提供机会和平台。

（一）比赛选拔规则

1. 比赛要求

参赛选手的上场顺序由赛前抽签决定，按照抽签顺序依次入场。参赛选手需自备参赛作品，题材不限，要求主题鲜明，内容积极向上，参加初赛的作品展示时间限制在三分钟以内。初赛不采用伴奏音乐。决赛可配伴奏音乐，并提前把音乐拷贝给工作人员。参赛选手服装要整洁、得体，舞台展示要用普通话，台风要大方、自然。初赛采取评委举牌方式决定选手通过、淘汰或待定，决赛采取评委打分制。

2. 评判标准细节

评委将按照选手的普通话水平、诵读技巧、精神面貌、艺术效果四部分对演讲选手进行评判。三位评委一致通过，该选手将直接晋级下一轮比赛。若两位评委表示通过，该选手则进入待定席。若选手得到的通过票少于两票，将不会晋级下一轮比赛。

诵读比赛将公平、公正、择优按比例选出部分选手进入决赛。直接晋级人数不足比例人数时，三位评委将在待定选手中综合评定水平较高选手进入决赛。

3. 奖品设定

决赛设一等奖、二等奖、三等奖以及优秀奖和诵读之星奖若干名。所有参赛选手都将获得大赛组委会统一颁发的荣誉证书，奖品丰厚，希望大家全力以赴，用最完美的展现争取优异的成绩。

（二）百日诵读大赛案例——夏津县第二届鄃城百日诵读总决赛

为建设书香夏津、多彩夏津，创建文明城市，进一步引导和鼓励广大少年儿童，中小学生在读书中学会思考、感悟人生、开拓视野，展示夏津县《第二届鄃城百日诵读》活动的丰硕成果。由夏津县图书馆主办，夏津县朗诵艺术家协会、夏津县少儿文化艺术学校协办的《夏津县第二届鄃城百日诵读》风采展示大赛决赛已经拉开帷幕！

2017年8月18日上午，在德百广场如期举行，参加本次比赛的都是在"百日诵读"活动中坚持下来的小同学。百日养习惯，孩子们的坚持，让他们已经收获到阅读的良好习惯。在这里，为孩子们点赞，你们都是好样的！

夏津县图书馆通过开展一系列的阅读推广活动，着力营造勤奋读书，努力学习，健康向上的文化氛围。激励广大少年儿童，中小学生积极参与全民阅读活动，大胆展示自我风采。同时进一步培养他们良好的阅读习惯，树立读书成才，报效祖国的远大理想，共同推动县文明城市建设，加快书香夏津、多彩夏津建设步伐。

百日诵读活动从宣传、报名，到初赛、决赛，历时半年共有近千余名同学参与活动，百个家庭共同参与，大赛经过激烈的角逐，评选出一等奖2名，二等奖6名，三等奖10名，诵读之星奖13名，诵读小能手奖48名。

四、活动效果

鄃城百日诵读已成为夏津县图书馆的一个阅读推广品牌活动，通过诵读活动，让更多的家长更深地了解到，陪伴是对孩子最好的教育模式，让更多的家长知道支持、鼓励与认可有多么的重要，而老师们也有更多的机会参与到孩子们的日常学习中，及时给予孩子们鼓励，并时刻记录着每个孩子在阅读中的成长点滴。有家长这样说道："这个活动真的是太棒了！百日诵读不仅考验我家宝贝，我也跟着一直在诵读呢！确实锻炼毅力！"

百日诵读大赛是检验孩子们的读书效果而举办的赛事活动，达到了促进阅读与写作的效果。一位参赛选手家长这样评价比赛：大赛是孩子成长路上的七彩石，丰富了人生且色彩斑斓！"百日诵读"100天获奖小学员学生发言，她说：一次比赛，更是一次洗礼；一次阅读，更是一次成长；一次写作，更是一次提升。感谢组织了一次这样别开生面的读书活动，诵读活动让我们走进了一本又一本的名著经典，让我们用心灵的笔墨去描绘我们人生必须要有的文化成长。

到目前为止，夏津县图书馆百日诵读活动已举办了六年，共有近万余同学参与活动，千百个家庭共同参与，越来越多的人加入读书的行列里，夏津掀起了全民阅读的高潮。百日诵读活动得到了社会的广泛关注，受到了老师、家长和同学们的热烈欢迎。

夏津县图书馆倡导广大读者：以"百日诵读活动"为起点，爱读书，读好书，让生活充满博学和睿智。从现在开始，以书为友，诵读为伴，一路书香，一生辉煌！

第四节　禹城市图书馆案例

一、打造城市阅读空间——建书房，新型智慧书香浓

2020年4月，在第25个"世界读书日"来临之际，禹城市首家城市书房正式揭牌启用。此为禹城市首家24小时无人值守智慧城市书房，城市书房建成并向市民免费开放，充分运用好公共文化阵地，创新服务机制，让阅读融入生活，让城市散发书香。为禹城市书香文明建设增添了一抹亮色。

城市书房由市文旅局联合市中办老城社区联合打造，书房面积约110平方米，涵盖综合阅读文化空间、儿童阅读区，成人借阅区。阅览席位20个，总投资50万元，藏书15000册左右。实行志愿者自主管理模式，为市民提供崭新的知识共享、信息交流、互动阅读的人文空间。书房采用自动化设备和RFID技术进行业务管理，统一纳入市图书馆总分馆管理系统，配备自助办证借还一体机、智能门禁监控设备，可供市民自助办证、借阅功能，实现一体化服务的场馆型自助公共图书馆。城市书房依托老城社区服务中心，创新空间和服务模式，有品位、有格调，打造了市民家门口阅读空间，引领了文化发展新风尚，成为禹城市继"24小时书房"后又一富有特色的文化新地标。

城市书房建成开放后，掀起了全民阅读的新热潮。在这里，市民可以阅读一本自己喜爱的图书，也可以参加剪纸、书法等各种活动，丰富精神文化生活。自城市书房开放以来，累计阅览人数12000余人，借阅图书8000余册，

借还人次6千余人。去城市书房"刷书"已然成为广大市民丰富业余文化生活的首选。

2021年，市文旅部门积极发挥主阵地作用，把推动公共图书馆建设作为文化惠民的重要工程，面向城区，在现有城市书房和24小时自助图书室基础上，再规划5处城市书房。城市书房已成为禹城市创新公共文化服务形式，吸引社会力量参与公共文化服务建设的有益实践。

二、实施全市小学生图书借阅便捷服务项目——惠民生，学生读者3万名

2020年以来，为全面落实禹城市人民政府民生工程、为民办实事目标任务，不断推动禹城市文化和旅游事业发展，满足人民日益增长的文化需要，禹城市实施了全市小学生图书借阅便捷服务项目。该项目由禹城市文化和旅游局牵头，联合禹城市教育和体育局，禹城市图书馆落实各项工作细节。截至年底，图书馆免费为全市小学生办理了借阅卡共3万张，并全部配送到各个学校发放给了每个学生，至此，该项目已经全部完成。

通过实施图书借阅便捷服务项目，禹城市新增学生读者近3万名，覆盖全市市区14个学校，包含全市11个乡镇，涵盖乡村小学56处。新上架图书1.8万册，其中8000册小学生必读书目。2020年全年办证率较上年增幅为399.76%，其中学生借阅证比例增幅454.34%，学生读者占全部读者的44.62%。

学生图书借阅卡发放以来，禹城市图书馆和城市书房成为学生热门"打卡地"，不少学生选择在这里过周末，节假日期间更是"一座难求"。在大禹社区"城市书房"，处处弥漫着浓浓的阅读和学习氛围。鉴于疫情防控局限，2020年，儿童阅览室借还册次8329册，儿童读者到馆（城市书房）借还人次4668人。

借阅卡的办理为小学生借阅图书、免费使用图书馆资源提供了便捷，有效地增加了公共图书馆的读者数量，积极促进了全民阅读活动的推广，为进一步完善青少年的文化知识结构，丰富文化知识内容，充实文化底蕴，培养

学生良好的阅读习惯，营造浓厚的书香氛围起到了积极的推进作用。

该项目的实施积极响应了中共禹城市委、禹城市人民政府"扬帆徒骇河时代，打造创新开放新高地"和"书香禹城"的建设目标。

三、弘扬非遗文化，传播剪纸艺术 ——非遗剪纸进社区活动

禹城市图书馆城市书房自2020年4月23日世界读书日免费开放以来，流通人次近2万人，借还册次4000册。在保障基本阅读服务的基础上，禹城市图书馆不断拓展思路，提升服务，积极传承中华优秀传统文化。

为了传承民族文化，了解民间艺术的美，培养社区居民的兴趣爱好，丰富群众的业余文化生活，2020年9月11日，禹城市图书馆依托城市书房便民平台，开展了非遗剪纸进社区活动，将非遗文化送到社区居民的家门口。此次活动，图书馆特意邀请德州市非物质文化遗产传承人、建志剪纸创始人张建志老师教授课程。

活动中，张老师从剪纸文化和艺术手法着手，手把手教学，实地传授剪纸工序。经过培训，居民们从技法生疏到熟练，一幅幅栩栩如生的剪纸作品活灵活现。看到自己满意的作品，居民脸上露出了笑颜。活动自9月份首次开展以来，吸引了辖区很多居民的积极参与，截至年底，共组织3期培训，培训人次60余人。

非遗剪纸进社区活动的开展，旨在以剪纸为载体，让社区居民足不出户，近距离地感受非物质文化遗产，更好的弘扬民族精神，传承精粹技艺，在百姓心中厚植文化，改善了群众满意精气神儿，提升了居民文化气儿。

四、品味传统文化，感受科学魅力公益讲座

近年来，禹城市图书馆以国学为桨，以家庭教育为帆，起航"周末讲座"，挂牌新时代文明实践中心，多角度、全方位、化知识为语言，提升了市民的人文素养。

如：2018年禹城市图书馆积极开展各项活动，着力打造了以国学经典和

家庭教育为重点的"弘扬国学知识，普及家庭教育"系列知识讲座，提升了广大市民的人文素养和人生修养，讲座活动精彩纷呈，得到广大市民和读者的一致认可。

2019年，禹城市图书馆又推出"品味传统文化，感受科学魅力"公益讲座。讲座从2019年3月起，邀请各个领域专家、学者（家庭教育指导师、心理咨询师等）担任主讲人，每周一讲，截至年底，共给市民带来20个主题的精彩讲座（见表4-2）。

讲座是在2018年的基础上，进一步升华，扩大舆论宣传，以国学经典和家庭教育为依托，向外扩展，涵盖大禹文化、传统经典、党政建设、智慧沟通等多个方面，形式多样，点面结合，多角度、多方位、多样式，更深入、更全面地为广大市民提供了更为精彩的公益讲座。讲座得到了市民的欢迎和认可。

表4-2：禹城市图书馆"品味传统文化，感受科学魅力"公益讲座

序号	主讲人	讲座时间	讲座主题
1	张继红	2019年3月2日	《三字经》第一讲
2	关东亮 高金武	2019年3月9日	《中国共产党发展史》 《学习雷锋好榜样，忠于人民忠于党》
3	赵洋	2019年3月16日	家长在家庭教育中的角色定位 及八大教育误区
4	张继红	2019年3月23日	《三字经》第二讲
5	孙静	2019年3月30日	良好的家庭教育影响孩子的一生
7	耿志花 李丽敏	2019年5月11日	良好的家庭教育成就孩子的一生
8	刘新卫 彭海燕	2019年5月25日	爱从看见开始——儿童心智发展规律
9	彭海燕	2019年6月15日	问题是成长的好机会 ——正视孩子的问题，培养良好的习惯
10	彭海燕 赵中波	2019年6月29日	成熟的爱 ——了解分离焦虑，提升分离品质
11	邢亚春 赵中波	2019年7月13日	如何启发孩子爱上学习

序　号	主讲人	讲座时间	讲座主题
12	邢亚楠 杜　敏	2019年7月27日	夫妻和谐相处的秘密
13	李　军	2019年8月10日	如何培养孩子的情绪管理能力
14	邢亚楠 李　艳	2019年8月24日	如何与孩子有效沟通
15	邢亚春 杜　敏	2019年9月7日	陪伴是送给孩子最好的礼物
16	张　青 刘新卫	2019年9月21日	夫妻有爱，亲子无碍 ——夫妻关系决定亲子关系的品质
17	尉　娟 王艳丽	2019年10月19日	有效沟通，共创幸福家庭 ——亲子合家欢
18	张　芳	2019年11月19日	阳光心态
19	韩振雁	2019年11月23日	网瘾的解药
20	张　峰	2019年12月7日	改变沟通方式 助力孩子学习成长

第五节　宁津县图书馆案例

读书交流会是宁津县图书馆2017年底推出的阅读推广品牌活动。读书交流会由县文体广新局主办，县图书馆承办，活动旨在全县营造浓厚的文化氛围，让全县干部群众把"好读书、读好书"作为良好的生活习惯，达到陶冶情操、升华思想、提升境界的积极效果，从而扩大全县读书群体的范围，进一步推动全民阅读，使宁津县精神文明建设向更高层次迈进。

一、读书交流会活动的形式内容

读书交流会自2017年12月起，每个月举办一次，截至2018年底已经连续举办了十二届。活动体现全民阅读的特性，全县党政机关、事业单位、乡镇街道、农村、企业、个体工商等各领域的读书爱好者均可报名参加。每届读书交流会都有鲜明的主题，活动内容丰富，形式多种多样（见表4-3），并且邀请嘉宾与大家进行互动交流。同时，为鼓励更多的读者参与读书交流活动，县图书馆制定了会员政策，连续参加三次以上读书活动的读者优先成为"宁津县读书俱乐部"的会员，将享受读书俱乐部的相关优惠政策，优先参与相关活动。另外，县图书馆还根据读者参与交流会次数及综合表现，定期或不定期评选"宁津县读书会优秀读者"，并为优秀读者颁发荣誉证书和纪念品。

表4-3：宁津县图书馆2018年读书交流活动表

序号	活动主题	活动内容	活动形式
1	读书与分享	大家在活动中畅所欲言，相互交流各自在日常工作和生活中的读书心得、人生体会，相互分享借鉴好的阅读经验，推荐自己喜欢的书籍	读书爱好者可推荐自己喜欢的书籍，也可以分享自己的阅读经验和人生体会。
2	美文共享	邀请了团县委和县文体广新局相关负责人作为特约嘉宾出席活动并介绍读书经验。大家在一起交流读书心得，畅谈读书体会，其乐融融。	参与者每人精心挑选一篇经典美文，散文、诗歌、小小说都可，也可以朗读自己的原创文章，美文内容积极健康。
3	春节序曲	在新春佳节即将到来之际，交流春节文化、畅叙春节感悟、分享春节故事、寄托新春祝愿、推荐关于"春天与春节"的美文、诗歌等等，在全县营造浓厚的春节节日氛围，达到陶冶情操、升华思想、提升境界的积极效果。	围绕"春节"或"春天"这两个主题，讲述与春节有关的文化典故或亲情故事，分享自己在春节中最难忘的回忆，也可以与大家分享祝福春天和生活期望的原创作品或者经典诗文等，题材不限。
4	传统文化谈	读者结合自己的读书和生活经历，与大家分享古代传统文化精彩片段，交流对传统文化的认知和感悟，通过交流互动，达到呼唤文化共识，增强文化责任心的目的。活动还邀请了专业国学老师给大家传授知识。	参与者围绕"传统文化"这个主题，分享对于阅读传统文化书籍的理解认知、也可向大家详细推荐某一部传统文化书籍，也可以阅读一篇经典作品，分享关于传统文化的经典文章。

序号	活动主题	活动内容	活动形式
5	青春悦读	通过优秀青年读书爱好者、青年学者的读书经验分享，引导广大青年爱读书、会读书，在全县青年群体中营造浓厚的读书氛围，进一步推动"书香宁津"建设。	交流会邀请数名优秀青年读书爱好者、青年学者作为嘉宾通过讲座的方式与大家分享读书经验、传授读书方法。大家在读书交流会现场可以与嘉宾互动交流。
6	说端午、话亲情	读书爱好者围绕端午和中秋两个主题，就端午起源、风俗及时代含义分别发言，大家分享亲情故事，表达亲情理念，交流互动频繁，形成浓厚的学术氛围。	邀请嘉宾与大家分享读书心得。参与者可分享对于端午节和亲情的理解认知、也可向大家分享关于端午和亲情的经典文章；发言内容要围绕主题，不要脱离主题。
7	党旗飘扬、红色线谱	活动以庆祝建党九十七年周年为宗旨，讲述红色故事、传承红色基因、分享时代感悟，在广大读书爱好者中营造爱党爱国的浓厚氛围。	参与者围绕"建党九十七周年"主题分享红色故事和亲人故事，可现场诵读分享自己创作的作品，也可以现场抒发对当今生活的切身感悟。
8	时代巾帼、征程有我	展示全县女性爱岗敬业、勇于奉献、争创一流的良好风貌，激励广大女同胞勇于担当作为、勇挑时代重担的使命感和责任感，以实际行动践行社会主义核心价值观，为服务宁津社会和经济发展贡献力量。	诵读作品为自创作品或经典诗歌、诗词、散文作品。诵读内容讴歌时代主旋律，用诗文赞美幸福美好生活和祖国及宁津县发生的巨大变化，通过诗文诵读展示宁津女同胞的良好精神风貌和奉献精神，展望美好明天。

序号	活动主题	活动内容	活动形式
9	悦读人生	知名青年作家讲授文学兴趣的培养、文学创作的技巧、创作素材的收集和整理以及如何以文学的角度写身边人、身边事和切身感受；讲授读书与写作的关系，如何进行选择性阅读和阅读兴趣培养与质量提升。	邀请知名青年作家于琇荣老师，以青年喜闻乐见的形式，从读书的价值与意义及技巧方法、文学创作兴趣的培养、文学与生活的关系等方面进行授课。读书爱好者可以现场与授课老师进行合理咨询、交流。
10	悦读分享、助力梦想	与现场的文学爱好者展开交流讨论，引导广大青年坚定信仰、砥砺品行、追求卓越，在全县青年中营造读书学习的浓厚氛围，鼓励青年朋友养成爱读书、会读书的良好习惯，提升广大青年的文化素养和能力水平。	邀请县文化艺术中心王蒙、县一中教师周晓慧、县委巡察组吴金松三位主讲人为文学爱好者分别分享《历史深处的民国》《追风筝的人》《菜根谭》等经典书目，并与读者互动交流。
11	好书一起看，让我来推荐	进一步巩固和推进全民阅读成果，营造全民读书的浓厚氛围，全面建设"书香"宁津。	活动分为优秀书目主题分享、优秀书目推荐和读书心得现场互动三个环节。
12	说年文化，讲年故事，忆年味道	在春节即将到来之际，触动人们内心深处对传统春节精神意义和文化内涵的深切思考，增强人们的传统文化意识，促进思想交流。	参与者可诵读与春节有关的经典作品，可分享自己经历的与春节有关的故事和典故，可讲述与春节有关的美食和风俗等，可采取诵读、分享、演讲等多种方式进行。

二、读书交流会活动案例

（一）宁津县第六届"说端午、话亲情"读书交流会

2018年6月10日，宁津县第六届"说端午、话亲情"读书交流会在县图书馆尼山书院成功举办。本届读书交流会由县文体广新局主办，县图书馆承办，县青年人才联合会青年文学协会协办，来自全县党政机关、教育、企业和个体工商领域的23名读书爱好者参与活动。

活动邀请了县文学艺术界联合会主席刘文浩、优秀青年读者代表李楠作为嘉宾与大家分享心得，从读书方法、读书选择、读书技巧、读书与生活的关系、读书与写作、综合素养提升等方面进行了阐述和交流。

与会读书爱好者围绕端午和中秋两个主题，就端午起源、风俗及时代含义分别发言，大家分享亲情故事，表达亲情理念，现场交流频繁、气氛热烈，形成了浓厚的学术氛围。县图书馆为鼓励青年文学爱好者加强学习，还为参与活动的青年文学协会会员颁发了临时图书借阅卡，各会员签订了《妥善保管承诺书》，表示要充分运用好这张借阅卡，多读书、读好书，增加知识积淀。

县图书馆馆长顾秀宝表示：县图书馆将按照公共文化服务相关标准，落实县文体广新局党组要求，全力推进全民阅读，建设书香宁津，竭诚为读书爱好者服务。

（二）宁津县第八届读书交流会暨首届女子诵读会

为展示全县女性爱岗敬业、勇于奉献、争创一流的良好风貌，激励广大女同胞勇于担当作为、勇挑时代重担的使命感和责任感，以实际行动践行社会主义核心价值观。8月5日，由宁津县妇联、县文体广电新闻出版局主办、宁津县图书馆承办的宁津县第八届读书交流会暨首届女子诵读会在县图书馆尼山书院举行。该读书会的活动主题为"时代巾帼、征程有我"。

本次诵读会共有19组诵读者参加，她们来自各行各业，有机关单位的干部职工、教师，也有自由职业者。她们在诵读会上分享了《母亲的呼唤》、《迈步宁津新时代 巾帼之花绽芳华》《诚信，心灵的契约》《百合花开》等

精彩篇章，讴歌时代主旋律，赞美幸福美好的生活，传递正能量，展示了宁津县女同胞们积极向上的生活态度和良好的精神风貌。

活动最后，原宁津县电视台台长高向峰还与参与本次活动的诵读者们分享了诵读的相关技巧，提升了选手们的能力和水平。宁津县图书馆也为本次活动的参与者提供了精美的礼品，鼓励热爱文学的巾帼之花在各自的岗位上努力奉献、不断成长！

（三）举办第十一届读书交流会暨"纪念改革开放四十周年征文颁奖仪式"

为进一步巩固和推进全民阅读成果，营造全民读书的浓厚氛围，全面建设"书香"宁津，举办宁津县第十一届"好书我推荐"读书分享交流会。2018年12月9日上午，宁津县第十一届读书分享交流会暨"纪念改革开放四十周年征文比赛颁奖仪式"在县图书馆成功举办。活动由宁津县文体广新局主办，县图书馆承办，来自全县各界的40余名读书和文学爱好者参加活动。

活动首先为获得"纪念改革开放四十周年征文比赛"获奖选手颁奖。局长杨玉江同志致辞，他希望获奖选手写出更多无愧于时代的优秀作品，对县图书馆主导开展的历届读书交流会活动给予充分肯定，并要求县文化馆、县图书馆进一步发挥文化服务的平台作用，为广大读书和文学爱好者提供更为温馨、周到、细致的文化餐饮服务，打造宁津文化的靓丽品牌。征文活动中，彭彦花的《向着明亮的远方》、李青林的《正义之道》获得一等奖，杨瑞的《雪落宁祥》、王之德的《烙印在我心中的祖国》、刘真真的《不忘初心继续前进》、赵瑞祥的《落实十九大 长官谱华章》获二等奖，张居明的《宁津我热恋的故乡》、李鑫敏的《忆往昔展新貌再腾飞》、张明强的《我心中的祖国》、吴金松的《我的祖国、我的家乡》、宋艳丽的《从家乡的巨变看改革开放四十年》、张艳芳的《平凡缩成了一座城》获得三等奖。

为鼓励形成浓厚的读书氛围，县文体广新局、县图书馆决定自本届读书交流会活动开始，对表现优异的读者颁发"精英读者"荣誉证书，获此荣誉者将和"读书俱乐部"成员一道，优先享受相关优惠政策，参与相关活动。

随后，来自县广播电视台的赵楠女士、县人力资源和社会保障局的邢雪娇女士和中国传统文化经典家庭教育联合发起人纪一鸣先生与大家进行了读书主题分享，赵楠女士分享了台湾作家张德芬的《遇见未知的自己》、邢雪娇女士分享了汪曾祺先生的《慢煮生活》、纪一鸣先生分享语录体经典书目《素书》，他们以充足的知识储备、深厚的文化涵养和深入浅出的讲解，让在场读者和文学爱好者朋友们受益匪浅。最后，与会读者进行了好书推荐，共推荐优秀书目28本，县图书馆将择优选购向广大读者免费借阅。

（四）举办第十二届"年道年味"专题读书分享会暨2018年度优秀读者表彰会

2019年1月27日，由县文化和旅游局主办，县图书馆承办、县青年文学协会协办的第十二届"年道年味"读书交流会成功举行，来自全县各行业、各领域的22名读书爱好者分享了关于年文化的经典作品、切身感受和心得文章，现场充满了浓郁的年味气息。

县行政审批服务局刁晓雪、苑洁分别诵读了经典作品《寄春节》《过去的年》，后王小学张艳芳分享了自己的作品《光阴里的年》让我们感受到了一位军嫂的家国情怀；疾控中心杨雪萍深情回忆起童年春节时父亲的爱，让大家很受触动。县应急管理局李敏、在韩留学生林家宝、津城街道李镇小学任薪祺、优秀读者黄文丽、刘国玲等其他参与读者也进行了深情分享诵读，现场气氛融洽，充满着浓郁的新春气息。

读书会参与读者现场推选出张艳芳、王松、任薪祺为本届读书交流会的优秀读者，获得宁津县作家高迎春老师的《三千六百五十里路程》作品和高档保温杯一个。最后，县图书馆还为2018年下半年积极参与读书交流会活动的曹青春、李薛甲、刘朝霞颁发了"宁津县读书会优秀读者"荣誉证书。

第五章　鲁中地区阅读推广案例赏析

鲁中地区是山东省中部区域，主要覆盖济南、淄博、潍坊，泰安四市，是山东政治、文化中心。

第一节　济南市图书馆与山东大学图书馆案例

案例一　济南市图书馆的泉茶文化阅读推广

一、公共图书馆茶文化阅读推广的价值体现

茶是中华民族的举国之饮，蕴含深厚民族思想和精华的茶文化，历经千百年传承发展，形成独具魅力与丰富内涵的中华优秀文化，涵养了社会精神文明和人们的物质文化生活。地方特色茶文化融合了本地域历史传统文化溯源，衬显出当地的人文风俗和精神面貌，是公共图书馆当以标秉和挖掘推崇的特色文化。因此，公共图书馆应根据自身特点结合各茶产业发展形势进行多方位的茶文化阅读推广。

近年来，茶文化阅读推广相继在一些名茶产地的公共图书馆开展起来，已初具规模和特色。如云南省图书馆首建的"普洱茶文化图书馆"，旨在保护、传承、发扬普洱茶优秀的民族文化，打造普洱茶文化特色品牌建设；汕头市图书馆开放的"潮汕茶文化阅览室"，书香与茶香融合，营造了茶文化的休闲阅读环境；都匀市图书馆依托大数据技术建成地方特色"毛尖茶信息数据库"，为本地区毛尖茶产业经济的可持续发展提供精准服务和信息支

持；云南省陆良县图书馆与六大茶山企业建立合作，携手助推普洱茶文化和图书馆公共服务资源聚合。可见，公共图书馆茶文化阅读推广形式多样，应结合地方茶文化特点与图书馆功能有效衔接，发挥最大推广价值。

二、济南泉茶文化概述

济南冠有"泉城"美誉，拥有名泉72处，全市范围内大大小小泉水已发现730多处。泉水如同血液一般密布流淌在这座城市的机体里，成为济南的根和魂，并深刻影响着济南人在精神文化和物质生活的各个层面，是济南市最大的特色和资源；自古至今，无数文人学者咏赞的诗词歌赋赋予了泉文化浓厚的人文情怀。

唐宋时期，北方茶文化起源于此，据《封氏闻见记》记载，中国最早的茶馆就起源于济南长清境内的灵岩寺；至今，济南仍是江北最大的茶叶集散地和南茶北销的枢纽。"佳茗配佳泉"，甘甜清冽的泉水历来被推评为泡茶的上乘首选。得天独厚的资源环境沁养了济南人爱喝茶的习俗，带动了茶商业繁荣兴旺，大大小小的茶园、茶楼、茶馆、茶舍等遍布街头巷尾；泉水与茶在此处形成了独特的泉水茶文化，其中泉水大碗茶带有鲜明浓郁的地域特色，成为济南的标志性文化品牌。

三、济南泉茶文化阅读推广的意义

中国茶文化博大精深源脉众多，济南泉茶文化发展历史悠久，形成了以济南为地方特色的一整套茶文化谱系。泉茶文化的阅读推广对提升城市人文素养、文明形象，文化品牌建设，激发消费市场活力等方面都具有重要意义。一是以泉茶为交流载体，展现出济南本地特色的茶文化风俗和济南人豁达开朗、递情达谊的待客之道，体现了中国茶文化的核心精神，促进了城市文明和谐发展。二是通过深入挖掘推广泉茶文化内涵形式，比如茶道、茶礼、茶艺等，不断打造地域特色厚重的"泉茶济南"城市文化品牌，赓续传承中国茶文化。三是泉茶文化作为济南得天独厚的文化资源，文化消费市场潜力巨大；在公共图书馆的阅读推广和众多机构助力下，能够更好地推动济南茶产业、茶文化，茶事业的兴盛。

四、泉茶文化阅读推广的内容模式

济南市图书馆开展泉茶文化阅读推广是在广泛的读者调研基础上，与读者进行多样性交流互动，通过开设特色专架和开展特色活动等方式推广泉茶文化，集"综合性、体验式和生活化"为一体的茶文化阅读推广模式，并将泉茶文化融进到社会生活中，显著提高了茶文化阅读推广的成效。

（一）设立茶文化专题阅读角

近年来，通过国内多家公共图书馆的实践证明"图书馆打造茶文化阅读空间，是深受读者喜欢的阅读推广服务模式，更贴近群众贴近生活"。2019年5月，济南市图书馆经过调研规划，将茶文化专题阅读角设立在新馆三楼阅览室。阅读角设施舒适闲逸，环境温馨雅致，茶香与书香融合，吸引来众多读者前来阅书品茗。

图书馆结合读者图书推荐，整合精选馆藏茶文化文献，推出图书600余册，其中也包括其他各门类的图书，体现了阅读角图书的"综合性"。阅读角中的济南地区文化专架，推介的有《风雅济南》《济南乎》《遇济南》等反映济南地域文化的书籍。"泉茶"文献，着重推介了《济南茶市集锦》等书，并特别印制了许多精美泉茶文化册页加大宣传力度。阅读角开放半年来，得到了读者高度评价。经过统计看出，《图说鉴茶、泡茶一本通》《茶叶鉴赏、购买指南》等涉及人们日常生活的茶叶书籍很受青睐；《品读中国茶文化》《中国茶文化趣谈》《图说中国茶文化》此类茶文化知识图书的读者也颇丰。下表是阅读角统计的半年来阅读量排名前20的图书。

排名	类别	图书
1	TS	茶叶鉴赏、购买指南
2	TS	中国名茶购买品鉴全攻略
3	TS	品读中国茶文化
4	TS	图说鉴茶、泡茶一本通
5	R	茶与养生
6	TS	图说中国茶文化
7	TS	茶经
8	K	茶具鉴藏全书
9	F	茶叶应该这样卖
10	TS	图解茶经
11	TS	中国茶文化趣谈
12	K	济水之南
13	I	民国茶范：与大师喝茶的日子
14	K	济南乎
15	TS	茶文化知识一本通
16	R	茶饮与药酒方集萃
17	S	茶叶种植与经营管理
18	B	茶汤里的觉醒
19	S	种茶制茶一本通
20	TS	茶具鉴赏、购买指南

（二）与读者交流互动的阅读推广活动

与读者进行交流互动是图书馆阅读推广活动中的常见形式，这种形式接地气，沟通深入，知识涵盖面广，成效显著。济南市图书馆与社会密切合作，为读者开设了集"体验性"和"生活化"特点的泉茶文化阅读推广活动。

1. 依托品牌平台进行推广

"交享阅"读者沙龙是济南市图书馆多年来全力打造的阅读推广经典品牌，深受广大市民喜爱。图书馆依托该平台，成功举办了六期茶文化与泉茶文化阅读推广活动，推广活动别具生活气息旨在让读者亲身体验和领略茶文化的博大精深。例如，第46期"交享阅"读者沙龙特别邀请了国家高级茶艺师赵晶女士为广大读者现场进行了独具匠心带有泉水特色的茶艺表演，并为读者详细讲解了茶文化、茶具、茶艺、茶道、茶与养生等知识，互动交流环节还让读者亲自体验了名泉泡佳茗的全流程，使读者感受到了泉茶文化的独特魅力，开阔了视野涵养了身心。活动还邀请到山东省旅游规划设计研究院院长，《济水之南》《济南乎》作者牛国栋先生，做了关于泉茶文化精神内涵方面的推广，作为老济南人他从泉水大碗茶文化到老济南人的生活情趣都做了全面详细解读，带领读者追忆重温了济南的历史文化。

赵晶女士的茶艺表演

2. 创新开展"国学+茶"式阅读推广活动

茶文化是中国传统文化的重要载体，茶与国学紧密相连。在济南市图书馆泉城书房和博物馆分馆书房，创新开设了"国学+茶"结合形式的阅读推广活动。书房布置娴静古雅，"荷""柳""泉"等装饰元素衬显其中，烘托出泉城的主题文化风格。活动设计了泉茶文化推广和"四书导读"等国学系列阅读项目，图书馆为读者炮制泉水茶，引领读者诵读国学经典，品味交流独具泉城风情的泉茶文化。"国学+茶"相结合式阅读推广活动的开展，对涵养本地读者的人文精神，传承和弘扬泉茶文化发挥了积极作用，使外地游客读者对文化气息浓郁和充满生机活力的济南流连忘返。

3. 与社会机构开展合作

公共图书馆与社会机构广泛合作是近年来的发展趋势，更能够提升阅读推广的效果和力度。济南市图书馆与社会机构密切合作，联合开展泉茶文化阅读推广活动。

一是同文旅单位合作，策划开发泉茶文化研学旅游路线，组织带领读者到泉茶茶叶基地参观考察，使读者对茶叶的种植、生产等环节有了更清楚的体验，对济南泉茶文化的发展内涵有了更深刻的认识。

二是与茶商企业合作，构筑"图书馆+茶城"阅读推广服务平台，对接茶商企业所需服务，充分发挥公共图书馆的文化宣传与资源推送功能，助力茶企提高企业品牌知名度，体现出泉茶文化推广的社会效应和商业价值。

五、案例小结

济南市图书馆泉茶文化阅读推广以传承和弘扬泉茶文化为己任，把树立泉城文化品牌形象，提高读者人文精神，发挥图书馆阅读推广的价值功能为出发点，全方位多角度创新开展泉茶文化阅读推广活动；充分挖掘潜力资源，积极打造让读者满意的茶文化学习空间和平台，构建了集"综合性、体验式和生活化"为特色的茶文化阅读推广模式；既充分发挥了图书馆资源建设和知识媒介的价值功能，又传承与传播了地方特色茶文化，为城市发展注入精神活力。

案例二 山东大学图书馆："一本书的旅行"

一、案例背景

随着网络科技、数字信息技术和移动终端的迅猛发展，集快捷、海量、更新快等众多优点的新媒体已成为当代大学生学习、阅读、获取信息的主要手段，也是造成图书馆近几年图书借阅量大幅下滑的原因。新媒体的出现也给学生阅读带来诸多弊端，受信息泛娱乐化的影响，学生不可避免地被卷入到碎片化和浅阅读状态，也难以摆脱杂尘干扰在海量资源中快速确定所需信息和目标图书，并静下心来深入阅读。针对这种现象许多高校图书馆纷纷采取措施，举办了许多阅读推广活动，激发学生的读书热情。

山东大学图书馆先期对大学生进行广泛调研统计后，结合大学生的阅读习惯和特点，设计开展了"一本书的旅行"阅读推广活动，重新焕发学生阅读与思考动力，营造阅读快乐的书香校园环境。

二、案例内容

图书馆利用本馆微信公众号为活动的主要推广平台，将精选出的图书和活动信息推送给全校读者，读者通过微信公众号申请参与。

活动分为多期同时进行，每一期只传递一本不同类型的图书，为满足读者多样性阅读需求，允许读者参加多期活动，图书馆根据读者申领顺序展开阅读传递活动。学生在阅读后需要撰写递交书评，在该书传递结束后，书评将被展示出来，点赞数最多的学生将会得到这本书的新书奖励。

三、活动组织保障

（一）图书馆成立了阅读推广小组，明确职责，制定了统一实施方案，并严格遵照执行；同时加强与校内其他相关部门的密切协作，促进活动的宣传推广力度。

（二）发挥学生志愿者全程的监督管理作用，保障督促图书传递活动及时有效，并定期将活动进展效果和遇到问题上报图书馆，以便及时纠正和改进。

四、案例的实施及评估

（一）具体实施步骤

1. 活动前期宣传

采用线上与线下结合的方式，线上利用微博、微信、图书馆主页等大力宣传，线下通过发传单、张挂海报、LED屏投放等方式让学生了解具体活动详情。

2. 好书荐备

图书馆广泛调研征询，精选学生喜爱的高人气图书，并准备充足的图书副本。读者也可通过微信公众号推荐自己喜欢的图书。

3. 阅读规则

图书馆接受完实名认证读者的阅读申请后，按编排顺序通知读者取书并依次展开阅读传递活动。若读者不想阅读纸质版图书，也可以直接下载电子版图书阅读，电子版图书的阅读时间不受限制，但必须在图书传递周期内提交书评，方视为有效。

4. 传递规则

读者在期限内完成阅读后，按传递名单可以将图书直接交给下一位读者，并告知图书馆即可；也可以将书籍直接归还所在校区图书馆的服务台，由图书馆工作人员负责联系并传递给下一位读者。每位读者的阅读期限不得超过两周，需要在阅读到期前将书籍传递出去，图书馆会在第10天时提醒读者，到期未传递和归还图书的读者会予以警告，若超期三天仍未归还图书的读者将被强制收回图书并取消活动参与资格。

5. 书评提交及展示

读者完成阅读后需要提交自己的书评，图书馆将接收的书评通过微信公众号和图书馆的展板进行展示。师生可以在微信公众号上点赞，也可以在图书馆展板处材料上"点赞"。

6. 结果统计及奖励

每一周期图书传递活动结束后，图书馆将会对每个周期内的书评进行统计，书评收获点赞数最多的读者将得到该书的新书作为奖励。

7. 活动总结

每期活动结束后，图书馆根据参与人数、提交书评数量及质量、推荐图书的受欢迎程度等情况，总结分析活动整体成效，为以后活动的开展积累经验。

8. 数据提交

每一周期图书传递活动结束后，图书馆会及时提交该图书及优秀书评至专门数据库以便读者随时查阅。

9. 结集出版

在"一本书的旅行"总活动结束后，对优秀书评结集出版，书中会注明书目信息、内容简介、经典赏析等内容。

（二）实施效果评估

从活动效果分析看出，"一本书的旅行"活动参与者大多为本科生，且以大一、大二的低年级学生为主，但是值得注意的是活动的参与者来自不同的专业，人文社科类、理工类等专业的学生都很多，说明大学生对阅读的兴趣不受其专业所限。二是新书排行榜、经典图书类、名人推荐类图书、年度好书榜等图书较受学生们的青睐。三是参与纸质版图书阅读和传递的读者占大多数，下载电子版图书的较少，活动中很少有读者存在拖延行为，并且每个读者都有自己独到的见解，书评很凝练新颖。

五、案例小结

山东大学图书馆开展的"一本书的旅行"阅读推广活动，在图书馆与各部门及学生共同努力下取得了非常好的宣传效果。活动得到各个专业同学们的积极响应，并且大多数同学都严格遵守活动规则，从而使这项活动得以顺利开展。此次活动引导了读者利用碎片化阅读时间，用心深入地阅读一本书，并对该书作出阅读赏析和评价，对提高学生文化涵养和阅读水平有很大帮助，也唤醒了同学们阅读纸质图书的热情，从而让这一优秀的阅读习惯不断传递下去。

第二节　淄博市图书馆与山东理工大学图书馆案例

案例一　淄博市图书馆打造"书香淄博"

一、淄博历史文化概言

众所周知，淄博是齐国故都，是一座有着3000多年历史的文化名城，是齐鲁文化中齐文化的发祥地，是中华文明的重要渊脉之一。淄博素有"央居齐鲁、襟连海岱"之美誉，这里物华天宝，人杰地灵，工商旅游业隆盛。这片古老文明的土地孕育了姜太公、齐桓公、管仲、孙武、左思、房玄龄以及蒲松龄、王世祯等众多历史文化名宿，著就了闻名于世的中华文献经典，如《管子》《孙子兵法》《考工记》《聊斋志异》等，保存了齐国故城遗址、东周殉马坑、世界足球起源地、牛郎织女民间传说、周村古商城等宝贵文化遗址；新中国成立后，涌现出焦裕禄、朱彦夫、孟祥民等一批英模人物。可见，淄博这片丰饶土地上凝聚沉淀着厚重的中华灿烂文明，需要充分的挖掘、整理、推广、传承下去。

二、多措并举开展阅读推广工作

淄博市图书馆作为打造"五好"城市、"书香淄博"、推广全民阅读的主阵地，坚守服务读者初心使命，实施创优雅环境、优良资源及优质服务的"创三优"服务活动，不断创新服务方式和服务内容；充分挖掘地方优质资源和潜力，积极拓展公共文化服务新空间，营造浓厚全民阅读氛围，多措并举开展全民阅读推广活动，打造了一大批形式多样的阅读推广品牌，每年举行1000多场活动，阅读推广工作走在了全省乃至全国图书馆的前列。

（一）编织"书香之城"

1. 创建"城市书房"

"城市书房"是淄博市文化和旅游局、淄博市图书馆联合打造的文化惠民重点工程，是构建城市公共文化服务体系和打造"书香淄博"的公益建设项目。截至2020年，淄博市已建成万科、紫园、云泰等20家城市书房，分布在全市各中心城区，编织成全覆盖多辐射的"城市书网"。书房按图书馆总分馆制管理，集中调配资源，24小时开放、一体化服务。据统计，自2019年以来，城市书房共计接待读者200多万人次，图书流通80多万册，开展各类阅读推广活动200余场，使城市公共文化服务功能显著提升。

城市书房的建立盘活了文化资源，拓展延伸了图书馆的文化辐射范围，让浓郁的书香浸润到城市的每一方角落，将城市书房打造成市民家门口的"精神乐园"，让淄博这座城市变成"好学"之城。

2. 提供"流动服务"

图书流动服务车是图书馆2019年7月20日投入运行的。它就是一座活的小图书馆，除了快捷、灵活、方便外功能还不少，可推送图书2000余册，能提供图书证办理、图书借阅、电子图书下载、电子阅览、影音播放等服务，并提供淄博市图书馆总馆及下属分馆（城市书房）所有图书的通借通还。为实现文化推送服务最后一公里，它就像一只辛勤的小蜜蜂，忙碌奔波在学校、社区、军营、企事业单位等服务网点，为读者提供热情、周到的文化服务，编织更加细密的"城市书网"。

（二）阅读推广品牌活动

1. 彩虹系列少儿阅读推广活动

全民阅读儿童先行，淄博市图书馆把培养儿童阅读启蒙作为工作重点，携手社会各界力量，与教育培训机构、幼儿园、教育专家等建立合作，招募爱心志愿者，组织开展各类公益活动，形成"故事会、国学堂、小百科、手工坊、小舞台"等十大品牌组成的"彩虹系列少儿阅读推广活动",成为图书馆的重要服务品牌。自2016年启动以来,有20多万人参加,深受儿童和家长喜爱。它就像一道绚烂夺目的彩虹,架起孩子们探索求知的桥梁,让阅读启迪他们的童年,让书香润泽他们的心灵。

在2021年山东省首届中外绘本故事讲读大赛中,淄博市实验幼儿园于冉冉、袁晓菲、周凯丽的合作参赛作品《彩虹色的花》荣获一等奖,淄博市实验幼儿园位金枝参赛作品《爷爷和我去游泳》获得二等奖,张悦等6人获得三等奖,孟继娟等20人获得优秀奖。淄博市图书馆组织有力被授予先进集体荣誉称号。

2. 齐风讲堂

"齐风讲堂"是为弘扬优秀传统地域文化,学习、传播、利用齐文化,展现淄博风土人情,在稷下书院(尼山书院)开设的公益文化传播平台。组织举办了书画、剪纸、古琴、茶道、花道、诗词等名师讲解指导的传统文化体验活动182场次,打造成独具特色的城市文化品牌,被省文化厅评为2017-2018年度山东省冬春文化惠民品牌活动。如,在2019年5月,邀请到淄博市柳泉诗社社长李奎封先生,为读者讲述了《诗经•齐风》以来,淄博诗词文学的历史发展源流与风格特征,通过名作品赏,趣谈古贤雅事,教授诗词创作和鉴赏等知识,使全场读者体会到中华诗词的博大精美。

3. 文化名城讲坛

"文化名城讲坛"是图书馆设立的较大型会场讲座公益平台,会同其他社会机构定期邀请国内各领域知名专家学者到馆开讲,讲坛在弘扬优秀传统地域文化、打造齐文化品牌、实施"文化赋能"行动等方面发挥了强大动能。"文化名城讲坛"自2015年启动以来,已先后邀请葛剑雄、马瑞芳、孙立群、李任飞、韩田鹿等上过央视"百家讲坛"的著名学者来馆讲学授课。讲坛每次讲座都会使与会者受益良多,产生积极的社会效应,受到大众广泛关注与喜爱,是图书馆的知名文化品牌。如,在2021年9月,淄博市图书馆联合市文化和旅游局,特邀到著名学者复旦大学资深教授葛剑雄先生来讲坛举办讲座。葛教授深入浅出，用坦诚朴实的语言分享了他多年来读书、治学、处世心得，诠释了读书之道和坚持读书的重要意义以及治学之人的学术精神等。本次讲座受到了读者的高度评价，对读书有了更深刻的理解和感悟，具有现实指导意义。

4. 系列阅读推广活动精彩纷呈

举办了十三届淄博市读书节、十一届"淄博市读书朗诵大赛"、全民读书月系列活动、全市青少年读书故事会、百人千场红色经典故事会、元宵节灯谜会、中外优秀电影展播及各种公益培训；启动了残疾人数字阅读推广工程；组织开展了"换书大集"交流活动、学雷锋文化志愿服务活动、诗词大赛、齐文化知识竞答，阅读马拉松、微书评比赛，微博赠书、微信荐书、各类专题书刊展、书画展、读书摄影大赛等精彩纷呈的阅读推广活动。

三、案例总结

最是书香能致远，满城尽是爱书人。淄博市图书馆坚持"以人为本，建设有温度的图书馆"的发展思想，走出了一条以品牌促阅读、以服务赢读者，让城市常年溢满书香的阅读推广道路。将"共享精神"融进到新时代公共文化服务体系建设中，通过创新服务手段、整合调配资源管理等方式，助力打造"书香淄博"。形成好学淄博，"齐阅共读"的书香氛围，创出了淄博人阅读指数全省排名第一良好局面。

案例二　山东理工大学图书馆"交互式阅读疗法"实践应用

一、案例背景

当前，高校大学生随着各方面竞争和压力的增大，导致普遍存在心理障碍而呈现亚健康状态，也带来诸多安全隐患。为国家和社会培养造就积极健康的高素质人才，是高校义不容辞的责任，光靠心理医生是远远不够的，在这方面也需要高校各教辅等部门共担育人大计。高校图书馆是知识的殿堂，学生心灵的港湾，从疏导和提高学生心理素质，改变其阳光向上的人生态度来言，在阅读推广中融入"交互式阅读疗法"很有必要，读者能够通过阅读达到静心养志、疏导心情、疗伤愈痕的目的。

二、案例可行性

（一）我国"交互式阅读疗法"的现状和特点

自20世纪末，我国学者将西方的阅读疗法学说引进中国后，得到图书馆界如王波、宫梅玲、王梅等学者的进一步研究、挖掘与拓展，形成了适合我国高校图书馆特点的阅读疗法理论体系和实践创新模式。我国交互式阅读疗法最早出现在王波2004年发表的《阅读疗法类型》论文中，随后在2007年出版的著作《阅读疗法》一书中又对交互式阅读疗法做了进一步阐述，并言判了我国交互式阅读疗法的发展前景。王梅经过多年实践和探索认为，交互式阅读疗法增强了团队交流互动的内涵与形式，是今后高校阅读疗法研究与发展的趋势。

该领域研究学者也都认同交互式阅读疗法更能提高阅读疗法的服务水平。因为，交互式阅读疗法相比较传统的阅读疗法更注重交流、治疗过程和疗效总结，不仅可以提供书目、导读等服务，还能够满足读者个性化心理需求，进行有针对性的阅读疏导，引发情感共鸣，达到心理健康的目的。交互式阅读疗法具有群体治疗、全程引导、交流互动和阶段评估等特点。

（二）高校图书馆所具优势

高校图书馆学科门类齐全，有针对大学生心理特点的丰富馆藏资源；有熟悉馆藏资源特点和内容的学科馆员；还有经过专业培训经验丰富的阅读推广队伍；更有全心全意为读者服务的图书馆服务保障制度以及温馨育人的阅读环境等，具备开展交互式阅读疗法可行优势。

三、读书会模式开展的"交互式阅读疗法"

"读书会"是高校图书馆经常开展的阅读推广形式，是群体性知识学习、拓宽视野、交流互动、升华思想的平台。"交互式阅读疗法"活动采用读书会模式，是因为它与读书会的组织形式、内容更为相似。把"交互式阅读疗法"中疗伤愈痕的内涵表达贯穿到读书会过程中，把阅读的读后感提升到开阻除痹、涤荡心灵的更高层次，达到心理治疗与治愈目的；运用读书会模式开展"交互式阅读疗法"阅读推广，即拓展了高校图书馆"交互式阅读疗法"实践与探索空间，也丰富了读书会的形式与内涵，是双向可取的新型阅读推广方式。

四、山东理工大学图书馆"交互式阅读疗法"的实践尝试

山东理工大学图书馆"交互式阅读疗法"的实践尝试是在2015年5月7日下午，开展的"交互式阅读疗法读书会——阅读存款:我与阅读的故事"阅读推广活动。读书会组织了大学生社团为阅读治疗对象，每位成员提前按照图书馆推荐的书目进行了先期阅读。活动中读者把阅读后的心得体会和切身感悟，结合"爱"的思想内涵，向众人畅述心声，不仅释放出了积压在心里的各种困惑、烦扰等情绪，也收到了听众给予的美好祝愿和建议，活动还进行了小组代表交流发言，总结与奖励等环节，活动后向参与的学生发放问卷调查，满意率为94.73%。

这种阅读推广形式，把普通的"阅读欣赏"提升至"阅读治疗"的深层次上来，让读者深切体会到"交互式阅读疗法"所带来的心灵触动，使每位读者对未来充满阳光和希望，人生道路越走越宽广。

五、王梅老师讲座选例

2018年5月12日下午，由图书馆与大学生心理健康协会共同举办的"阅读疗法如何促进大学生心理健康成长"讲座在逸夫图书馆报告厅举行，图书馆王梅老师担任主讲。讲座以阅读如何促进心理健康成长为主题，为喜欢阅读的同学提供了一个交流读书心得、提升心理素质的平台。

王梅老师引用《曹操读檄文》《王蒙读红楼》《英军用书稳军心》《日

本医生重视吟诗治病》四个故事为题材，系统诠释了阅读的含义、阅读对身心健康的影响，深入剖析了阅读疗法的应用以及阅读疗法的心理学原理。并以历史文献记载及现实生活为例，印证了交互式阅读疗法不仅能够治疗心理疾病，也有助于人们的健康成长和全面发展。王老师就当前大学生常见的心理问题进行了详细分析，并推荐有针对性的阅读书目，王老师还向同学们分享了自己总结的"阅读疗法七字经"。在交互环节，同学们畅所欲言，各抒己见与王老师互动交流。此次讲座，激发了学生们的阅读激情，引导了他们在阅读中调节身心，从阅读中寻找健康与快乐。

六、结语

"交互式阅读疗法"经过实践证明，对疏解大学生心理压力，提高心理素质是有疗效的。大学教育是一项系统工程，需要来自各方面力量的配合参与；高校图书馆是大学生心灵慰藉的港湾，在这里能通过书与心灵的对话、人与人思想的交流，起到愉悦身心形成共识的境地，达到排除困扰疗愈伤痕的作用。大学生属于高智商群体，大部分也还是独生子女，经历的风雨磨炼尚浅，但经过及时的心理引导帮助他们树立正确的人生观、价值观，相信他们都会成为国家的栋梁。今后，高校图书馆应加大"交互式阅读疗法"的研究与探索，创新出更加有效的阅读推广活动，为大学生提供更精细化的心理帮助。

第三节　潍坊市图书馆与潍坊学院图书馆案例

案例一　潍坊市图书馆："品牌强馆引风尚"阅读推广活动

一、潍坊的历史文化溯源与地域文化特色

潍坊，古称潍州，别称鸢都，历史上是东夷文化核心、齐文化腹地、两汉经学中心、南北朝佛教文化的东方聚集地、明清海岱间文学重镇，是中华文明的重要构成部分。这里名人辈出，灿若星河，诞生了许多响当当的历史

人物如：晏婴、贾思勰、张择端、李清照、刘墉等，范仲淹、欧阳修、苏东坡、郑板桥等曾在这里为官主政，近代名人有王尽美、陈少敏、王愿坚、王统照、臧克家等，作家莫言也是本地人，名人文化成为潍坊本地重要文化资源。历史名人巨著佳作熠熠生辉，如：《齐民要术》《清明上河图》《金石录》《齐乘》等珍贵文献。

潍坊是手工业发达地区，清乾隆时期就有"南苏州 北潍州"之称。潍坊民间文化艺术种类多样，闻名遐迩，享有"世界风筝之都""年画之乡""中国画都"的美誉。潍坊风筝巧夺天工、灵动飘逸，富含民间生活情趣；精美绝伦的杨家埠木版年画是中国三大年画之一；高密的扑灰年画、民间剪纸和聂家庄泥塑，有着民间艺术"三绝"之称；潍坊风筝、杨家埠年画、高密茂腔、扑灰年画等16项民间艺术被列入国家级非物质文化遗产名录；这里还是笔墨丹青的耕耘之地，被称为"北海古郡"。

二、"品牌强馆引风尚"阅读推广品牌活动

近年来，潍坊市图书馆树立了"品牌强馆引风尚"的发展思路，秉承"公益•惠民"的服务宗旨，探索挖掘地方特色文化优质资源潜力，加大公共文化阅读推广服务创新模式；以人为本，聚焦需求，积极发挥播撒知识、文化惠民的"新时代文明实践基地"作用，以高质量的品牌阅读推广活动，引领全民"悦"读新风尚。

（一）"潍水讲坛"

"潍水讲坛"是2014年5月潍坊市文广新局与市图书馆联合出推出的公共服务惠民文化品牌。讲坛以"公益、开放、共享"为宗旨，面向市民大众传播先进文化理念，弘扬潍坊优秀的地域特色文化，定期邀请社会名人、专家学者，举办高端学术讲座。"潍水讲坛"涵盖面广，设有"潍坊历史文化记忆论坛""书香暖鸢都""潍图雅集""快乐国学系列""心零茶道"等10余项优秀子栏目，使读者徜徉在"优秀传统文化"的知识海洋里获得洗礼和进步。截止到2019年，"潍水讲坛"举办讲座近800场，获益市民达10万余

众，成为潍坊市提升全民素养的知名文化品牌。

（二）"元宵灯谜会"

潍坊市图书馆每年举办的"元宵灯谜会"，是山东省特色服务品牌，被列入潍坊市冬春文化惠民季活动品牌项目，截至2019年正月十五，已成功举办了21届。每届灯谜会主题鲜明，组织形式新颖，内容趣意盎然，潍坊地域文化色彩浓郁，邀请有非物质文化遗产传承人现场扎制灯笼演示，使读者能亲身体验到传统工艺的绝妙；潍坊多地各分会场也同时举办有奖比拼、竞赛，网络猜谜等多种形式的猜灯谜活动；图书馆还走出馆门，深入社区开展"送文化、猜灯谜"活动。灯谜会深受群众喜爱，每届会吸引3万余人热情参与，在节日喜庆的气氛中，激发了市民学习、读书的热情。

潍坊市图书馆"元宵灯谜会"现场

（三）"布老虎"少儿普惠工程

潍坊市图书馆以潍坊民间喜爱的地方特色手工艺品"布老虎"命名的"布老虎"少儿普惠工程，能够激发儿童读者的阅读兴趣，留下美好的童年印记。通过系列启迪思维和智慧的教育活动，为孩子们打开了解潍坊历史文化的窗口，开阔了他们的知识视野，提高孩子们的综合素质。活动内容包括"讲述中国好故事 传播中国好声音""润心堂故事汇""潍坊老故事""少儿公益大讲堂""自然课堂""公益美术讲座"等系列栏目，其中《自然课堂》系列公益阅读推广项目荣获"2017年阅读推广优秀项目"称号。"布老虎"少儿普惠工程已举办了32期活动，受益小读者及其家长达10万余人。

（四）"潍图公开课"

"潍图公开课"是潍坊市图书馆针对社区中老年人及残疾等弱势群体开展的知识与技能培训活动，提升人民群众文化获得感、幸福感。内容包括"相约彩虹——老年人多媒体应用培训"和"社区大学堂"两个版块，采用线上+线下授课的活动模式，如"多媒体应用培训"针对老年人利用手机等智能终端薄弱问题开展的技能培训活动，指导老年人掌握和提高多媒体的使用能力，获得高科技给生活带来的方便与快乐。"社区大学堂"是图书馆将服务延伸到基层社区开展的群众培训活动，内容涵盖"电脑应用、国学文化、休闲文化、健康养生"等。公开课自2012年至2020年开展以来，惠及读者达 2万余人，社会反响良好，2017年获潍坊市直机关优质服务项目。

"潍图公开课"社区大讲堂开展的智能手机使用培训

（五）"典"亮潍坊"悦"读季

活动项目有阵地"悦"读全天候、数字阅读零距离、暑期快乐读、品读经典、国学传承、咏诵祖国类的"悦"读融合、读书征文、演讲朗诵、展览培训、好书推介等，以弘扬中华优秀文化为主旋律，融合城市书房、市民的精神家园建设，共享文化发展成果，满足人民群众对精神文化生活的需求，"典"亮书香氤氲鸢城的爱"阅"季。《"典"亮潍坊"悦"读季》获市直机关优质服务项目立项。

三、案例总结

以上阅读推广案例，只是潍坊市图书馆开展众多案例中的冰山一角、品牌缩影，以飨读者。潍坊市图书馆充分利用潍坊历史文化底蕴深厚，地方文化特色丰富的特点，发挥图书馆宣传推广主阵地作用，大力推进公共文化公益惠民活动的广泛开展，逐步形成阅读推广品牌优势力度，引领社会文明新风尚，受到社会各界的高度赞誉，让潍坊市全民素养和文脉传承得到质的飞跃。

案例二　潍坊学院图书馆"第六届读书节"活动赏析

一、案例背景

近年来，众多高校图书馆将每年4月23日"世界读书日"作为阅读推广的时间节点，因势利导举办"读书节"活动。丰富多彩的"读书节"成为高校图书馆阅读推广的重要活动形式，成为图书馆提升服务品味，营造书香校园文化氛围，拓宽师生阅读的平台。

潍坊学院图书馆将利用"世界读书日"这个节点，从2011-2017年连续成功举办了七届读书节，每届读书节都会受到学校领导、各部门以及全体师生的高度重视和大力支持，"潍坊学院读书节"已成为图书馆阅读推广活动特色品牌。本文选取"第六届读书节"为例，以供参考学习。

二、活动主题

共建人文潍院，营造书香校园。

三、活动目的

以"世界读书日"为契机，通过开展丰富多彩的阅读推广活动，引导广大师生树立"多读书、读好书、好读书"的阅读理念，养成良好的阅读习惯，不断提升自身综合素质与人文修养；倡导博览群书，丰富学科知识，品味阅读乐趣；弘扬潍院精神，积极营造人文潍院书香校园氛围，促进师生实现心中理想。

四、面向人员：全校师生

五、活动时间：2016年4月22日—6月2日

六、活动内容选读

（一）《寻找故乡的记忆》刘铁飞报告会

4月22日，活动邀请了画家刘铁飞在图书馆报告厅举办了题为《寻找故乡的记忆》的专家报告会。刘铁飞 山东潍坊人，"刘铁飞美术馆"馆长，毕业于中央美术学院，其创作的奥运油画《梦回英格兰》蜚声海外，以"红高粱"和"老门"为题材创作的系列绘画作品，受到国内外瞩目。

刘铁飞从故乡高密的红高粱说起，讲述了发生在高粱地里的抗日故事及电影《红高粱》影片中的相关场景，众多背景情节促发自己走向了绘画的人生道路。报告还把莫言笔下的东北乡及高密茂腔以及莫言文学作品里的人物及故事场景等为师生进行了细致描述，最后介绍了自己在高密东北乡的作品及刘铁飞美术馆。

刘铁飞馆长通过情景并茂的生动报告，阐述了绘画艺术的创作源泉，生

活体验带来的灵感以及本土文学的魅力，让在场听众受到很大启发和艺术熏陶。报告会有部分教师和美院学生200余人参加。

刘铁飞馆长报告会现场

（二）《党史国史进校园》专题报告会

5月10日，图书馆举办《党史国史进校园》专题教育报告会，邀请了老革命军人刘绍堂前辈讲述"潍县战役"经过以及新中国成长历程，历史文化与旅游学院的老师和学生200余人收听了报告。

刘老前辈用亲身经历讲述了1948年4月2日至5月8日潍县战役的全部过程，总结了潍县战役的胜利靠的是我党的英明指挥，战士们用流血牺牲换解放的斗争精神和人民群众无私奉献的大力支援。殷殷嘱咐同学们，新中国来之不易，要缅怀和学习革命先烈的英雄事迹，常怀感恩之心报效祖国。

刘老讲了新中国成立以来我国的发展道路，从建国初期的钢铁产量、汽车数量、铁路总里程、人民生活变化等方面与现在进行了对比，讴歌了中国共产党一心为人民谋幸福，不愧是伟大光荣正确党，要坚定永远跟党走的忠诚之心。

　　刘老最后勉励同学们，要有爱国之心、报国之志，做一个有道德、有理想、有担当的时代新人；要珍惜青春不负韶华，努力学习，为国家建设做出积极贡献。

老革命军人刘绍堂《党史国史进校园》专题报告会现场

　　（三）举办"一站到底"国学达人知识竞赛

　　5月23日晚，图书馆报告厅 "一站到底"国学达人知识竞赛第六届读书节活动总决赛精彩上演。竞赛涵盖国学文化、经典名著、诗词歌赋为主的中华传统文化知识与山东地域特色文化等内容。经过前期初赛、复赛的激烈角逐，有六支团队进入到今晚决赛。比赛过程中各代表队带来的传统文化节目精彩纷呈，有声情并茂的吟诵、有万般柔情的舞蹈、有宛转悠扬的歌声，让全场观众陶醉在中华千年文明的古风古韵中，感悟国学经典文化的魅力。最终，一鸣惊人队以400的高分赢得总决赛冠军。

　　"一站到底"国学达人知识竞赛的成功举办对弘扬中华传统文化，倡读国学经典，营造了良好的学院阅读氛围。

（四）"潍院传统文化讲堂"开讲

5月22日下午，读书节系列活动之"潍院传统文化讲堂"第一讲《民国时期经典诗文鉴赏》开讲。主题是品诗书赏锦绣，感受名家爱国情怀。这一讲为教职工提供了展示舞台，活动中，教职工演讲朗诵协会和舞蹈协会的老师们通过情真意切的朗诵表演，将民国时期一首首优美的诗文佳作展现得淋漓尽致。王雷老师诵读闻一多的《祈祷》和周柱国教授朗诵艾青的《大堰河，我的保姆》，将作者深沉的爱国之情倾托而出，激荡震撼着现场的每一位观众；图书馆馆长侯麓朗诵的个人作品《旗袍》，以清雅的朗诵配合华丽的伴舞，将旗袍的绰约之美个性风韵展露无遗。还有其他老师朗诵的《雨巷》《窗》《你是人间四月天》《荷塘月色》令观众身临其境，魂牵梦绕。

本次活动提高了师生参与热情，营造了人文潍院精神风采，起到了师生共读、欢乐共享的目的。

七、结语

潍坊学院图书馆通过每年举办"读书节"活动，齐聚学院全员力量，通过开展独具风格的阅读推广活动，提高了图书馆服务品质，形成自身服务特色，激发了广大师生的阅读热情，提升了师生人文素养，丰富了校园文化生活，为全院师生奉献了一场营养丰盛的文化大餐。希望图书馆今后继续发挥"读书节"特色魅力，探索创新服务新模式，期待下个更美"读书节"的到来。

第四节　泰安市图书馆与山东农业大学图书馆案例

案例一　泰安市图书馆中华传统文化阅读推广经典案例分享

一、泰安的地域文化与泰山文化概述

泰安因泰山而得名，寓意"国泰民安"，是中华文化发源地之一，是一座古老文明与现代文明交织的旅游文化城市。泰安以泰山文化为主导，灌

入了泰山文化的灵魂和精髓，其民间文化、习俗丰富多彩，泰山石敢当信仰习俗、泰山传说、东岳庙会、岱宗传拓、泰山天元石艺术等非物质文化遗产项目融汇成泰安独特的地域文化。泰山与黄河、长江一样是中华民族精神象征，泰山的帝王文化、封禅文化、儒释道文化、民俗文化、碑刻文化、文人墨客文化等汇集成泰山文化，是中华传统文化的缩影。

二、中华传统文化主题系列阅读推广活动

泰安市图书馆坚持"读者为本 公益惠民"的服务宗旨，依托泰安沉积丰厚的地域人文资源，积极弘扬传承中华优秀传统文化，每年都举办形式多样的文化阅读推广活动，为城市营造了一种醇厚的文化氛围，为泰安市精神文明建设和旅游发展提供了强大的文化支持。现抽选了其中部分典型案例以作分享。

（一）"中国梦·泰山情"主题活动

1. "七夕话相聚"诗文朗读会

"七夕节"是中国民间传统节日，是牛郎和织女团圆相聚的日子，这美丽的神话传说，衍生出许多爱意缠绵的优美诗句，如"七夕今宵看碧霄，牵牛织女渡河桥""两情若是久长时，又岂在朝朝暮暮"等。2017年"七夕节"图书馆在尼山书院举办了以"中国梦，泰山情"为主题活动的"七夕话相聚"诗文朗读会。朗读会以"相聚"为题裁，七位朗读者声情并茂，朗读了《大树下的春草》《父亲对儿子的心里话》《当你老了》《爱》《锦瑟》《走的出风花雪月，却走不出沧海桑田》《致橡树》等诗歌、散文，尤其是著名朗诵家杨兰星先生朗诵的《致橡树》，深深感染了读者。

节日与文化情景交融，加深了读者诗文欣赏水平和阅读能力。朗诵会有来自各行业的30多位读者参加，共享了这场文化美餐。

2. 普及国学知识，弘扬儒家文化

泰安市图书馆多年来，把少儿读者视为弘扬传承中华优秀传统文化的重点培养群体，成为常抓不懈的阅读推广工作任务。2017年8月，图书馆利用暑

假，组织育鸿教育幼儿园的百余名小读者来图书馆尼山书院开展普及国学知识、弘扬儒家文化的知识教育。活动为小朋友们精心准备了一场营养丰盛的知识大餐，内容包括：识读用书法写的孔子和《论语》中的核心词汇；听国学方面的系列小故事；到国学讲堂观看了动画片《孔子》等。

中华传统文化是中华民族五千年文明的结晶，是中华文化之魂。学习传统文化就像练习书法一样，要从古帖练起，从小培养。这次国学教育活动启迪了孩子们的心灵智慧，点燃了他们崇敬先贤，热爱中华文化的读书热情，产生了积极的社会带动效应。

小朋友们观看动画片《孔子》

（二）"我们的中国梦"主题活动

1.剪纸艺术体验课活动

剪纸艺术是中国古老的民间传统文化艺术，凝结着劳动人民的聪明智慧，是中华民族传统手工艺的重要构成，是国家级非物质文化遗产。剪纸艺术来源于生活，寄托着人们纳福迎祥和对美好生活的向往。

为传承和弘扬剪纸技艺，2019年5月13日下午，泰安市图书馆邀请了泰山剪纸艺术传承人刘伟娟女士，在尼山书院举办了一场独具匠心的剪纸艺术体验活动。活动中刘老师耐心细致地讲解剪纸的操作方法与步骤，从图案设计、叠纸技巧、剪图顺序、剪刀与纸的配合等方面，由浅入深、亲做示范，手把手传授。在刘老师的精心指导下，每一位学员都制作出了自己心仪的剪纸作品。

通过亲身体验和实践，大家感受到了剪纸艺术的独特魅力和深厚的传统文化内涵，获益匪浅。

2.鼓乐吟诗鉴赏会

"端午节"是中国传统民俗大节，又是伟大爱国诗人屈原的纪念日，各地有吃粽子、划龙舟等不同习俗。为更好弘扬中华传统文化，端午节前夕，市图书馆在尼山书院举办了"我们的中国梦"鼓乐吟诗鉴赏会，特邀山东省色空鼓培训中心的潘莺蕾老师，为读者传授色空鼓音阶、乐理等知识及其演奏方法，教大家鼓乐伴奏吟唱诗经里的作品《蒹葭》，大家兴趣盎然，沉浸其中。

鉴赏会使读者深切体验到色空鼓空灵、悠远的涤心之美，音乐与诗词的音律之美，同时增强了读者对中华优秀传统艺术与文化的认知与喜爱。

"我们的中国梦"鼓乐吟诗鉴赏会现场

三、结语

泰安市图书馆依托泰安丰富的地域文化和传统文化资源，积极开展传承与弘扬中国传统文化的阅读推广活动，利用各种节假日，不失时机举办各种有意义的传统文化项目，采用与读者零距离交流互动的方式，让读者真正体会到中华民族传统文化的博大与魅力，受到社会的广泛好评。

案例二　山东农业大学图书馆："图书馆有约"如期而约

一、"图书馆有约"创立形式及内容

"图书馆有约"是山东农业大学图书馆利用学校和图书馆优质文化资源面向读者打造的交流互动平台，定期邀请校内学术造诣高深的教授、学者、馆内资质馆员、优秀读者等用讲座的形式开展阅读推广活动。"图书馆有约"创办于2015年，活动每学期按约定举办系列讲座多场，截至2021年已成功举办了37场讲座。阅读推广内容涵盖文学作品鉴赏、图书馆资源利用、数字资源推介、书法知识、摄影爱好、营养与健康、健身运动等。"图书馆有约"以宽博的知识、实用的技术、艺术的陶冶、修身的素养获得同学们的青睐，成为图书馆吸引读者走进知识殿堂的阅读推广重要活动品牌。

二、"图书馆有约"的组织特点

（一）充分发挥各社团协会作用

图书馆开展阅读推广工作需要占用大量的人员和时间，山东农业大学图书馆在阅读推广工作人员短缺问题，组织调配与图书馆合作的学校各社团和志愿者协会等众多力量，如：文化艺术协会、摄影协会、红日青年志愿者协会、图书馆志愿者协会、农大共享读书圈等，其中图书馆志愿者协会在阅读推广活动中发挥了积极作用。

（二）"图书馆有约"活动的创新性

1. 提供个性化读者培训服务

为方便和解答师生在图书馆信息资源利用中遇到的各种问题，更好地为读者提供信息咨询服务。图书馆将信息素质教育等方面具有丰富实践和理论经验的馆员，转岗到读者咨询总服务台，通过开展"图书馆有约"系列讲座，有针对性的解决师生比较关注或遇到的疑难问题，并为读者创新开展个性化的培训服务，如举办饮食与健康、时间管理、健身塑形等讲座，并把图书馆相关藏书推荐给读者，这种个性化培训服务受到师生的广泛好评。

2. 建立"图书馆有约群"

"图书馆有约群"由图书馆志愿者协会负责群里的各项工作。阅读推广的老师会在群中与读者一起交流思想和阅读心得体会，了解读者阅读需求；同学们在群里可积极献言献策，推荐阅读推广活动方案等，使"图书馆有约"活动能够应约而来，如约而至。

三、系列讲座选讲

（一）图书馆馆员形式的讲座

1. 崔云老师讲座

崔云老师是校图书馆副研究馆员，长期从事信息素质教育和读者服务工作。崔老师依托丰富的馆藏资源，潜心于"时间管理"与"健康养生"方面的探索与研究，并取得国家三级公共营养师资格证书。

自2015年"图书馆有约"阅读推广活动项目成立至今，崔老师如约为学生做了多场讲座，如：2021年5月的《健康与阅读》《时间管理 大学生涯必修课》《大学生饮食营养与健康》三个系列讲座，讲解了健康与阅读的联系、时间管理的科学方法、饮食营养与肥胖等慢性疾病方面的知识；讲座为引导大学生在大学期间对于学习时间掌控和健康生活规律的养成具有很强的现实指导意义。结合讲座内容还为同学们推荐了心理健康、时间管理和营养学等方面的一些书籍。

2. 贾裕娇老师讲座

贾裕娇，理学博士，图书馆副研究馆员，主要从事学科情报分析、学科馆员服务、电子资源建设与推广等工作。

近年来，贾老师通过"图书馆有约"平台向学校师生开展了如：2018年《一起来领略图书馆电子资源的风采》、2019年《你知道图书馆电子资源的秘密吗？》、2021年《信息检索——你不知道的那些事儿》等系列主题讲座，全面详细介绍了图书馆海量电子资源的分类和特色、数据库使用、文献检索等内容，特别推荐了读秀、超星移动图书馆、超星学术视频、网上报告厅等特色资源，以满足和助力师生在科研、学习、论文撰写、信息查询等方面的需要。

3. 牛鲁玉老师讲座

牛鲁玉，图书馆馆员，泰安市书法家协会会员，自幼系统学习书法，具有丰富的书法理论知识，多年来临池不辍，作品曾多次在省市以及全国书法比赛中获奖。

牛老师在"图书馆有约"讲座中将书法知识倾心传授给同学们，带领大家感受中国书法博大精深的艺术魅力。如：2017年开展的《走进书法》《感受书法之魅》《浅说选帖临帖》等系列讲座。

4. 孙琳老师讲座

孙琳，图书馆副研究馆员，山东省摄影家协会会员，作品常见于各媒体，对摄影艺术有独到见解与丰富实践经验。

孙老师在2019年《行摄藏区遇见热贡》的摄影知识讲座中，透过摄影技术的角度，带领同学们一起体验藏区独特的文化艺术、宗教信仰，从而感受旅行的价值所在；2021年的《影像的力量》中对以战争、公益、家庭为题材的70余张摄影作品做了深刻解读，讲座对老师和同学们触动很大，引发了大家对家国情怀，社会责任，伦理道德的强烈思考，体会到摄影作品带来的巨大冲击力。

（二）教授、学者形式的讲座

1. 孙金荣老师讲座

孙金荣，文学博士，山东农业大学文法学院教授，主讲《中国古代文学》《中国传统文化》等6门课程，获教学质量一等奖。

孙老师在2018年文化视野下的《红楼梦》，讲述了《石头记》与《红楼梦》，儒、释、道与《红楼梦》，《红楼梦》的结构艺术、人物形象，《红楼梦》语言的审美价值等内容，讲座对提高文学爱好者的文学修养和在经典文学品读欣赏方面，具有很高的学术价值。

2. 吴澎老师讲座

吴澎，山东农业大学食品科学与工程学院副教授、博士，主讲的《中国饮食文化》课程，获得2018年部级教学成果一等奖，论著有《茶文化概论》《中国饮食文化》《食品专业英语》等十余部。

吴澎老师在2019年《饮食礼仪》讲座中，通过场景模仿、亲身示范，将中华传统文明的饮食礼仪和餐桌文化倾囊相授，让师生领略了中国饮食文化的厚重与文明礼仪之道。

3. 丁燕燕老师讲座

丁燕燕，公共管理学院副教授，在2021年《影视艺术与文化》讲座中分享了电影艺术与社会历史文化的紧密联系，通过对影视艺术的视听语言解读、主题剖析，如何欣赏经典作品的美学意蕴、文化内涵和价值意义等内容，为广大师生献了一场高水平影视文化美餐。

四、结语

山东农业大学图书馆充分利用图书馆丰富的馆藏、人才资源以及学校的优质学科资源，取长补短，群策群力做好阅读推广工作；在广泛争取读者建议和活动方案基础上，针对师生所好如期约定推出内容综合、实用性强、提升师生素养的阅读推广活动，吸引了广大师生热情参与，使图书馆真正成为师生的好帮手、好助手。

第六章 鲁东地区阅读推广案例赏析

鲁东地区又称胶东半岛，主要包括青岛、烟台、威海三个沿海城市，是集渔业、港口、旅游、海洋资源为主要特点的东部地区。

第一节 青岛市图书馆与青岛大学图书馆案例

案例一 青岛市图书馆"2018读书节"阅读推广活动赏析

近年来，在国家倡导全民阅读与书香城市的号召下，"读书节"成为各地纷纷开展的阅读推广热门活动，得到政府和社会的大力支持。青岛市图书馆自2016年至2020年已连续举办了五届"读书节"活动。受疫情影响，2020年"读书节"活动全部改为线上进行，2018年推出的主题为"阅读阅美"第三届读书节，综合来看比另四届从内容与形式上更充实和丰富。"读书节"已逐渐成为青岛市民热衷和追捧的文化品牌活动，现以青岛市图书馆2018年"读书节"活动为例进行分析，以达到促进学习交流的目的。

一、2018年"读书节"活动特点分析

（一）组织大型专题活动掀起市民参与热潮

大型专题活动是读书节里面最精彩部分，具有组织规模大、互动性强、读者参与广、影响力度强等特点，是阅读推广最有效的宣传形式。读书节在为期四周时间里，每周都会举行多项大型主题活动，吸引了广大市民热情参与。

读书节第一周启动了第十三届全省读书朗诵大赛青岛地区选拔赛"；第二周是以"世界读书日"为主题的"全民英语朗读活动决赛及公益书籍捐赠活动"和"腹有诗书少年郎"——2018青岛市少儿诗词大赛；第三周以"五一劳动节"为主题开展了"我是勤劳的小蜜蜂——五一节特别活动"，举办了"乔领/宁雪君诗文书画作品展"；第四周围绕母亲节为主题举行了"献给母亲的爱——2018母亲节诗会""母亲的力量·阅读点亮青岛——小贝壳母亲节特别活动"。这一系列大型专题活动真正为广大市民搭建起展示个人知识才华的舞台，营造了丰富多彩的文化生活氛围，掀起了阅读推广活动热潮。

我是勤劳的小蜜蜂——五一节特别专题活动现场

（二）注重弘扬传承中华传统文化

中华传统文化是中华民族几千年来的文明积淀与智慧结晶，是中国人的精神之魂，是当前公共图书馆阅读推广工作使命的重要着力点。2018读书节，青岛市图书馆通过多种形式积极推广中华传统文化。

尼山书院于每周五上午，连续四期，举办经典诵读活动，让读者深入体验传统文化吟诵的古色风韵；知正国学堂邀请青岛大学文学院的老师来开办国学公益班，为大家系统解析《论语》《诗经》、古诗、汉字释源等传统文化的精髓；图书馆还开展了"传拓技艺体验"及"缝制一本线装书"活动，在专业古籍修复人员的示范指导下，大家动手操作去切身体验传统文化中古老而珍贵的技艺；读书节期间"青岛文化大讲堂""我与作家面对面"等其他品牌栏目也相继推出形式各异的传统文化项目，让读者学到了丰厚的传统文化知识。

读者在古籍修复人员的示范指导下体验传拓技艺

（三）特色品牌提升活动亮点

青岛市图书馆是开展阅读推广工作较早的公共图书馆，在多年的公益文化发展道路上，不断求实创新积极探索，倾心打造了众多的阅读推广文化特色品牌。品牌建设使图书馆的文化实力得到不断提升和增强，让岛城的公益文化活动变得更加缤纷靓丽、各具特色，文化氛围更加高涨。读书节期间，图书馆充分发挥众多品牌优势，让活动更加闪亮。

"小小莫扎特音乐故事会"被国家文化部授予"第十五届群星奖——项目奖"，活动奉献了《寻找圣诞小精灵》《托马斯–糟糕，灯泡碎了》等精彩音乐故事会；"小贝壳快乐营"是山东省服务名牌，深受到少儿读者的喜爱，开展的《老人与海》全景阅读活动、"世界读书日"小贝壳未成年人课堂活动、"触摸媒体互动体验活动"等多场阅读活动，让孩子们沉浸其中流连忘返；另外，"公益外语沙龙活动""花样阅读""青图展览"等市图特色活动，都为市民们献上了自身特色项目，以上特色品牌的推广为读书节增添了更加靓丽的色彩。

（四）线上活动拓宽了阅读推广空间

随着网络数字化建设和云端平台技术的迅速发展，线上阅读受到读者越来越多的青睐。图书馆"云上青图"数字资源平台开通了云答题、云赠书、云讲座、云展览、云阅读、云直播等功能，能满足读者在线上阅读方面的众多需求。

2018读书节期间，图书馆利用微信公众号和网站平台开展了"少儿诗词线上竞答""微课堂学习节""留言赠书""知网使用知识竞答"等10余项线上活动，大大拓宽了阅读推广活动的空间范围，满足了不同读者的阅读愿望。

二、结语

"读书节"是阅读推广活动中组织规模较大的形式，丰富多彩的读书节需要主办方精心策划和组织，需要政府和社会的多方配合支持，需要广大市民的热情参与。每一届"读书节"的成功举办都充分体现了青岛市图书馆人的文化自觉和社会担当，凝结着辛勤汗水和努力付出，也收获了活动经验和读者笑容，推动了岛城公益文化事业的蓬勃发展，得到社会的高度赞誉和市民们的喜爱，为今后开展更多更丰富的阅读推广活动奠定了良好社会基础。

案例二 青岛大学图书馆的"节日"阅读推广活动

一、活动背景

青岛大学图书馆为贯彻落实国家深入推进全民阅读活动的指示精神，积极推动大学校园文化建设，大力传播中华优秀传统文化，并于2019年专门设立文化推广部。借助中华传统节日或重要节点，以校内阅读活动为基础、社会活动为拓展，组织开展丰富学生校园文化生活，增进师生民族情感，提升师生自身修养的阅读推广活动，逐渐创立"舌尖上的美文""非遗采风"等阅读推广文化特色品牌。2019年青岛大学图书馆被中国图书馆学会授予全民阅读先进单位。

二、"节日"阅读推广活动选例

（一）舌尖上的美文——赏月品秋诵中华

2020年中秋节恰逢国庆节，为传承中华优秀传统文化，增强广大师生的家国情怀，锻炼同学们的动手能力、图书馆特别策划推出"赏月品秋诵中华"——做月饼，品中秋阅读推广主题活动。

1. 活动主题

"赏月品秋诵中华"——做月饼，品中秋。

2. 活动具体实施方案

报名进入活动群后选择并完成以下任务之一：

（1）中秋月圆知多少

搜集有关中秋来历、习俗、美食等文字图片音乐视频等资料，制作成PPT或者抖音等小视频，展示在群中便于交流，优秀作品展示在图书馆志愿者微信公众号上。

（2）集花题诗

秋天，金风送爽，秋色宜人，为你拍摄的秋景写一首诗，再配上合适的音乐，制作成PPT或者小视频。展示在群中便于交流，优秀作品展示在图书馆志愿者微信公众号上。

（3）鸿雁传书诉乡思

"亲笔书写一封中秋家书，表达对父母或长辈的思念，说出埋藏在心底的感恩之情、亲人牵挂的学校生活、慰藉亲人的成长经历等，然后将信装入信封，仔细封好，亲手投入邮筒，体验与亲人笔墨交流别样情怀。"要求：手写，平信邮寄。（以收信人手持信封照片为凭证）

（4）情满中秋诗词吟诵比赛（参见5）

（5）做月饼，品中秋——现场学做月饼

图书馆老师现场教授同学们制作月饼的方法，让同学们在动手体验的过程中了解祖国的中秋文化。现场同时进行"情满中秋"诗词吟诵比赛，还有同学们的才艺表演，活动现场节日气氛热烈而浓厚，体味到了收获和快乐！

（二）云上过端午，共秀包粽子

端午节是中国四大传统节日之一，南食稻，北食粟，虽然都叫做粽子，但每个地区的粽子都各具特色。2020年端午节期间，图书馆开展了"云上过端午，共秀包粽子"视频征集活动。

1. 活动主题

云上过端午，共秀包粽子

2. 活动目的

通过和家人在一起包粽子，秀技艺，增感情节日活动。了解各地端午节的不同民间习俗，品味端午传统文化，传承民族精神，促进风俗文化交融。

3. 活动要求

视频格式为MP4或其他主流格式，横屏拍摄，时长1–3分钟，可配乐。先自我介绍，过程带讲解，和亲人一起包更好。

4. 活动选例

图书馆分工会于6月19日下午，在会议室开展"云上过端午 共秀包粽子"活动。鉴于疫情防控形势，活动主要采取钉钉视频直播，老师们线上线下参与形式进行。

经过前期泡糯米、剪粽叶、腌猪肉等食材的精心准备，图书馆刘春燕老师现场演示、传授、讲解包肉粽子的秘诀、技巧和步骤；老师们纷纷效仿，包粽子之余，大家动手缠着端午五彩线，互相送上祝福，活动现场欢声笑语，洋溢着浓浓的端午气氛。

（三）非遗采风——辛安剪纸艺术

2020年5月16日，图书馆4位老师和12名在校大学生参加了青岛大学首届图书馆节的活动之一:走进"青岛剪纸之乡"——黄岛辛安，对辛安剪纸进行采风与学习。

辛安剪纸传承人管茹老师向大家展出了刚整理好的家传作品，并且上了一堂赏心悦目的剪纸课。此次活动收获颇丰，增强了同学们对中华优秀传统文化的热爱。

（四）品红色家书，感先烈初心——清明节主题朗诵比赛

清明节是我国重要传统节日。为进一步培养和践行社会主义核心价值观，引导广大学生传承红色基因，缅怀先烈，增进爱国情感，弘扬我国优秀传统文化，图书馆特举办"品红色家书，感先烈初心——清明节主题朗诵比赛"。

1. 朗诵选题范围

烈士家书、遗书、诗歌

2. 参赛形式

线上参与，通过朗读亭（位置：金家岭校区图文中心）或者青大朗读小程序（青岛大学图书馆微信公众号菜单电子资源栏目）等制作音频或视频格式（WAV、MIDI、MP3、MPEG等）。

3. 投稿方式

关注"青岛大学图书馆"公众号，在"读者中心"下的"读者之星"栏目，选择本次活动，或者扫描二维码，按照提示，参加活动并上传作品。

4. 活动内容：（略）

三、结语

图书馆不仅是知识的宝库、学术的殿堂，还承担着学术交流、科学研究、文化传承和服务社会的责任，更肩负着人才培养的历史使命，图书馆"节日"阅读推广活动丰富多彩，在一定程度上激发了广大学生探寻民族和地域文化的热情，在校园文化建设中发挥了积极作用。

第二节　烟台市图书馆与鲁东大学图书馆案例

案例一　烟台图书馆：多措并举推进全民阅读建设"书香烟台"

一、全民阅读的地方性法规保障

阅读是当下衡量一座城市文明程度和市民文明素质的重要标志，是城市发展的精神支柱和内在驱动力。近年来，烟台市政府积极响应国家"全民阅读"号召，大力推进"全民阅读建设书香烟台"的步伐，推动文明城市和文化强市建设，制定了全省首部围绕全民阅读方面的地方性法规《烟台市全民阅读促进条例》，于2019年4月1日起正式实施，明确每年4月至6月为"书香烟台"全民阅读季，广泛深入地开展全民阅读系列推广活动。《条例》的颁布极大地提高了烟台市全民阅读的积极性，营造了良好的书香社会氛围，使阅读推广工作有了更好的法规保障和发展空间。

二、多措并举的全民阅读系列阅读推广活动

烟台图书馆秉承"传承文明、服务社会"的立馆宗旨，把"推进全民阅读，建设书香烟台"为统筹发展任务，认真贯彻落实《烟台市全民阅读促进条例》的各项工作要求，充分利用图书馆场地、资源等优势，发挥服务育人行业领头羊作用，积极构建强大的阅读推广队伍，努力提高公共文化服务规模水平，多措并举开展阅读推广活动，立起照亮阅读前行的"灯塔"，为推动"全民阅读"、建设"书香烟台"领航扬帆。

（一）全民阅读，儿童先行

儿童是祖国的未来和希望，在"书香烟台建设"中，烟台图书馆坚持倡导"全民阅读，儿童先行"理念，不断开发儿童心中宝藏，提高儿童心灵品质，以儿童阅读带动全民阅读。在2018年深圳举行的由35个省市图书馆、310所学校参加的华润怡宝"我最喜爱的童书"阅读推广活动中，烟台图书馆荣获"阅读推广贡献奖"。到2020年全市儿童阅读率达90.5%，高于全国10.1个百分点。烟台图书馆大力推广儿童阅读，2018年4月，启动了"灯塔故事会"项目。项目采用主题阅读的形式或结合国家重大节日开展绘本阅读，截至2020年，累计举办绘本阅读活动百余场，惠及3万多儿童及家长，成为烟台市全民阅读的重要活动品牌。图书馆积极拓展服务领域，延伸服务触角，开展了"书润百校"大型儿童阅读推广公益项目；以重大赛事和品牌活动为引领，牵头举办读书朗诵大赛、百日"同城共读"和"讲烟台故事 建文明城市"等各类阅读推广活动3000多场。

（二）成立全民阅读联盟，携手举办阅读推广活动

在烟台市文化和旅游局指导下，烟台图书馆牵头组建的全民阅读联盟，于2019年9月正式成立，联盟成员单位包括公共图书馆、高校图书馆、城市书房（书屋）、绘本馆、读书会、社会阅读组织、企事业单位等共55家社会机构组成，成员单位通过"场地联用、品牌联创、活动联办、培训联做、平台联建"等方式，协调联动全市各方力量，组织举办大型阅读推广活动，为全民阅读提供强大动能。

图书馆联盟结合"线上+线下"的运作模式，精心策划开展各类型阅读推广活动。2020年烟台全民阅读季，围绕《条例》实施一周年和"4.23世界读书日"等重要时间节点，依托"烟台文旅云"线上服务平台，共同开展主题为"相约春天，同阅共读"的"十个一"系列活动；在庆祝中国共产党成立100周年之际，举办了"胶东红潮 书香烟台"朗诵大赛，各联盟单位也纷纷配合开展了各自特色的阅读推广庆祝活动。图书馆联盟成立以来，携手举办了众多精彩纷呈的阅读推广活动，满足了市民全方位、多元化的阅读愿望，营

造了"书声琅琅、香飘烟台"的社会阅读氛围。

（三）阅读推广人队伍建设

2016年以来，烟台图书馆积极发挥全民阅读先锋军作用，以建设"书香烟台"为目标，在全省率先启动儿童阅读推广人培育工程。创新烟台市阅读推广人"四位一体"培育模式，对阅读推广人进行系统培训和科学管理，每年在全市举办两期专题培训班，邀请国内知名专家授课指导，截至目前，已举办八期，培养阅读推广人达万余人，打造了一批金牌阅读推广人。成立"书润芳华"烟台市儿童阅读推广志愿者工作站，以志愿者为主体，打造"灯塔故事会"、书润百校等系列公益文化品牌，全力助推"书香烟台"建设。

（四）创新惠民服务新模式

为更好推进全民阅读，建设书香烟台，烟台图书馆创新惠民服务的新举措。2019年10月起，推出线上线下"你选书，我买单"读者服务新模式，将过去"图书馆买什么，读者看什么"的采书模式，改为"读者想看什么，图书馆就买什么"的需求服务模式，将选书的主动权赋予读者，满足读者个性化、多元化阅读需求，创新了图书馆服务"烟台模式"。实现了"图书馆+书店+电商+物流"的精准对接，为读者提供了更加方便快捷的个性化阅读服务新通道。

（五）深耕"尼山书院"服务品牌

为增强国学文化氛围，进一步推进中华优秀传统文化的传承普及，尼山书院不断组织策划相关"主题讲座""公益课程""普惠课程"等文化项目，是烟台市以弘扬国学为目标的书香品牌。继续打造让"古籍中的文字活起来""带您穿越烟台历史"和"我们的节日"三大系列主题活动，年均组织"孔子诞辰纪念日、珍贵古籍联展、古籍晒书大会、拓印体验、书刻讲座、传统节日知识、民俗礼仪介绍、中华古籍进校园"等活动近百场，激发读者学习中华优秀传统文化热潮，促进传统文化发扬光大。

三、结语

烟台图书馆在《烟台市全民阅读促进条例》法规指引下，发挥全民阅读"急先锋"作用，在阅读推广工作中敢于争先创优、勇于探索，在加强阅读推广队伍建设的同时，深入拓展阅读推广服务新领域，创新服务新理念，优化服务新模式，积极引领烟台市全民阅读联盟发挥强大公益惠民作用，多措并举持续推进全民阅读活动的开展，为建设书香烟台做出积极贡献。

案例二　鲁东大学图书馆开展的"镜心苑"读书沙龙活动

一、活动背景

为进一步加强书香校园建设，跟进学校"读书修身工程"，促进学生"读书·修身·成才"，鲁东大学图书馆引用校内"镜心湖"命名成立了"镜心苑"读书沙龙。读书沙龙，是读者间思想火花碰撞、交流的重要载体，活动举办以来，深受全校师生喜爱与推崇，打造成了校园系列化品牌活动，截止2021年底，已成功举办了55期沙龙活动，成为图书馆重要的阅读推广文化品牌活动和靓丽名片。

二、组织与推广形式

"镜心苑"读书沙龙活动是由图书馆和学生工作处联合举办、图书馆学生管理委员会承办的组织形式开展。读书沙龙活动每年举办10次，基本半月一次。推广形式包括了学院沙龙、微书评、馆内沙龙、读书感想成果展、沙龙之星评选等环节，各学院积极参与活动；充分利用微信公众平台、腾讯会议等新媒体技术，采用线上线下相结合方式进行推广活动。

三、活动内容

每期读书沙龙至少邀请一位来自校内外学术造诣高深的专家、学者来做主讲，担当指导馆员，内容涵盖思想政治教育、创新创业教育、人文素养教育等方面。

四、活动实施步骤

（一）活动前期，图书馆利用QQ和微信宣传，以微信线上投票形式在全校开展 "镜心苑" 读书沙龙书目评选活动，将评选出最受欢迎的十本书作为本年度"镜心苑"读书沙龙备选书目。

（二）由学生工作处和图书馆联合发布活动公告，将本届活动主题内容、有关规则制度、具体时间安排下达各学院。

（三）各学院按照公告组织学生阅读相关书籍，并组织学院内部开展主题读书沙龙，内部沙龙不少于20人，并在学校或学院网站进行文本及图片新闻报道；各学院根据内部读书沙龙活动学生表现评选出学院沙龙之星，晋级参加图书馆"镜心苑"读书沙龙活动。

（四）图书馆面向全校学生进行读书沙龙微书评活动。学生通过关注鲁大图管会微信公众号后进入本届"镜心苑"读书沙龙"微书评活动"页面参加并提交书评。

（五）各学院按读书沙龙方案要求推荐额定人选到图书馆参加学校沙龙（疫情期间活动通过腾讯会议APP线上举行）。参加图书馆"镜心苑"读书沙龙的同学可根据表现被推选为本期沙龙之星。

（六）各学院按公告时间和数量要求提交读书沙龙感想及本学院内部沙龙新闻链接。

（七）图书馆按规定时间公布各个学院本期沙龙成绩，成绩包括：微书评、学院人数、沙龙之星、内部沙龙文字报道、读书感想五项得分总和，学校将成绩计入年终绩效考核，沙龙之星赋予学分、证书等奖励。

（八）为便于沙龙活动顺利开展，请各学院学生会指定一名专门联络人员，和图管会对接沙龙活动相关事项。

五、活动案例选赏

（一）2019年图书馆"镜心苑"读书沙龙书目评选活动

为让同学们在"镜心苑"读书沙龙中，能够分享到自己喜爱的图书，2019年03月，图书馆举办了"镜心苑"读书沙龙书目评选活动。本活动共推荐21本优秀图书作为参选书目，读者再从中选出最受欢迎的十本书作为2019年度"镜心苑"读书沙龙备选书目。

本次活动以微信线上投票的形式进行，鲁大师生们积极参与，并掀起一场投票热潮，累计收到3838张有效票。根据统计结果，结合学校"读书修身工程"推荐书目，最终选定《小王子》《人间词话》《我们仨》《人间失格》《史蒂夫·乔布斯传》《云边有个小卖部》《摆渡人》《非暴力沟通》《人生》《拿破仑传》《摆渡人》等10本作为2019年度镜心苑读书沙龙备选书目。

（二）2019年图书馆"镜心苑"读书沙龙征文比赛活动

2019年10月，由鲁东大学图书馆和学生工作处主办，鲁东大学图书馆学生管理委员会、贝壳文学社、《人在鲁大》团刊编辑部和《鲁东大学报》学生记者团联合承办的"镜心苑"读书沙龙征文比赛活动圆满结束。

本次举办沙龙征文比赛活动，旨在提高同学们的阅读情怀和文学修养，养成"好读书""读好书""勤思考"的良好习惯，促进"镜心苑"读书沙龙活动产出丰硕的阅读推广成果。征文活动历时一个月，全校广大学生投稿踊跃，共收到260篇优秀的读后感征文。经过初审、复审、终审三个环节的层层选拔，最终评出一等奖 3 名，二等奖 7 名，三等奖 10 名，优秀奖 26 名。同时，在网络投票环节中，有5篇征文脱颖而出，斩获人气奖。

（三）2021年图书馆第五十二期"镜心苑"读书沙龙活动

9月25日下午，鲁东大学第五十二期"镜心苑"读书沙龙在图书馆新华书店举办。本次沙龙邀请了马克思主义学院王朝霞老师主讲，图书馆以及23个学院的100余名师生参加了活动。交流书目是国学大师钱穆先生的著作《中国历代政治得失》。

王朝霞老师结合历史与现实、融汇社会与人生，以犀利的视角对《中国历代政治得失》进行了讲析。王老师深刻探讨了本书内涵精髓，从中国历代政治制度的得失中窥见人生的真谛，以此启示同学们用唯物史观的方法看问题，多观察勤思考，并勉励大家:大学时期是人生中的黄金时期，应当博学广读，勤奋努力，切勿虚度青春年华；要增强爱国精神，弘扬中国文化，作为时代骄子应为祖国的繁荣昌盛贡献毕生力量。

10月22日，鲁东大学第五十二期"镜心苑"读书沙龙活动成绩公布。活动经过内部读书沙龙、微书评、微视频、读后感等环节的考评打分，最终文学院以145分的优秀成绩取得总分第一名，马克思主义学院、教师教育学院以140分总分并列第二，交通学院、历史文化学院、盈科法学院、教育科学等学院也表现出色；最后大家共同评选出物理与光电工程学院的孙小叶、文学院的荆天然两位同学为本期沙龙之星。

六、总结

鲁东大学图书馆自开展"镜心苑"读书沙龙活动以来，紧跟学校读书育人发展形势，发挥图书馆阅读推广主阵地作用，引领带动全校参与读书沙龙活动，通过联合学校职能部门、学生社团等组织，采取层层递进、环环相扣、不断激励的方法措施，形成了一整套系统完备的读书沙龙活动体系，激发了学生精读深思的读书热情，切实提高了学生的阅读积极性和实效性，"镜心苑"读书沙龙活动已成为学校和图书馆的靓丽风景。

第三节　威海市图书馆与山东大学（威海）图书馆案例

案例一　威海市图书馆少儿阅读推广实践与探讨

一、简述当前公共图书馆开展少儿阅读推广的重要性认识

少年儿童是国家未来的希望与寄托，少年强则国强，少年儿童的发展，

关乎国家前途命运与兴衰成败。著名教育家苏霍姆林斯基曾说："书在儿童的精神生活中起着巨大作用"，儿童时期是培养阅读兴趣和阅读习惯的关键时期，孩子早期阅读能力的培养对于孩子完整知识体系的建构起着非常关键作用。

联合国教科文组织《公共图书馆宣言》（1994）中写道："公共图书馆使命之一便是尽早培育并加强儿童的阅读习惯"。公共图书馆作为我国公共文化服务机构，是儿童阅读推广的主阵地，有着义不容辞的责任和担当。当前，世界科学技术飞速发展，国际之间文化实力竞争加剧，加强对我国少儿早期教育培养形势更加紧迫，在儿童中加强阅读推广比成人阅读推广更具长远战略意义。

二、威海市图书馆少儿阅读推广活动举措

近年来，威海市图书馆对少儿教育的培养已然驶入快车道，少儿阅读推广工作已成为图书馆的核心发展工程全面铺开。丰富的少儿阅读推广活动把孩子们带入了多彩的童年世界，增强了孩子们阅读积极性，为威海市的儿童教育提质加速，营造了浓郁的城市少儿阅读环境。

（一）精心营造阅读环境

马克思曾说："人创造环境，同样环境也造就人"。可见，环境对人的影响至关重要，优美的阅读环境能够让孩子们身心愉悦，陶醉其中。威海市图书馆因地制宜，在图书馆新馆的南侧二至四层设成少儿图书馆，总面积3860平方米，购置儿童教育类图书23万册。为少年儿童读者开辟了专用服务空间，设有先进的电子、科技设备，建成集阅读、游戏、娱乐、学习的综合多功能厅，能全面满足未成年人不同群体读者的需求；还专为低幼读者提供了阅读专架，将儿童阅读空间设计成五彩缤纷的卡通、童话世界，适合少儿的心理需求，极大地吸引了少儿读者贯注于图书馆优美的环境之中，感受阅读的轻松快乐。

少儿图书馆教室

（二）创建品牌阅读活动

根据儿童读者的阅读特点，活动和游戏是最受他们喜欢的阅读形式。威海市图书馆制定出"服务活动化 活动品牌化"发展思路，全力创建了一系列儿童阅读推广活动品牌，受到社会广泛赞誉。如自 2016 年推出的"阅宝起航"计划，该计划专为0-3岁婴幼儿提供阅读指导服务，通过科学规范引领家庭阅读；读书朗诵大赛、少儿故事大王比赛等已连续举办数届，吸引了数千名小读者热情参与；该案例被中国图书馆学会授予全国阅读推广案例二等奖。2017年推出的"周末小书房"活动更是人气爆满，2019年在新馆启用后升级为"聪聪伴成长"栏目，包含"聪聪故事会""聪聪小书房""聪聪少儿读书会"等在内的少儿活动，打通了所有年龄段的儿童；《百姓课堂》每年都会开展"亲子阅读""心理健康""高考志愿填报""父母智慧"等方面的专题讲座，吸引数万名读者参与。2019年针对未成年人开展了30场系列阅读培训活动，重点聚焦绘本阅读、亲子阅读、英文阅读、音乐阅读等，读者场场爆满。这些品牌活动丰富了少年儿童的精神文化生活，为儿童启蒙阶段的知识储备和智力开发打下了良好发展基础。

（三）科技助力阅读服务

随着科技发展，阅读形态也越来越丰富多彩。威海市图书馆利用 "数字技术"手段助力阅读推广活动的开展。AR的技术特性能够更好地展现内容，帮助读者从文字、图片、音频、视频等方式全面了解知识，增强阅读的趣味性和体验度，激发小读者的学习兴趣。比如，将聪聪故事汇和 AR 体验相结合，在为孩子们讲解太空之旅时，让孩子亲身体验火箭发射升空的感觉。AR增强现实技术与教育、阅读相结合，通过 "ALVA 4D百科全书"，创造了以学习、互动、分享等一体的社交化阅读新模式，吸引了广大读者参与互动，让读书变得更有乐趣，提高了少儿的求知欲和积极性，真正实现沉浸式学习和家长陪伴式成长。

工作人员利用AR技术给小朋友们讲恐龙故事

三、推动少儿阅读推广工作的有效途径

（一）与社会机构的广泛合作

近年来，威海市图书馆积极与市妇联合作，将少儿馆打造成为亲子阅读

基地；与市广播电视台联合开展少儿经典诵读文艺汇演，让传统文化经典在青少年中得到广泛传播；与市共青团合作，举办少儿诗词大会，激发了少年儿童对古诗词的热爱，拓展了少儿阅读推广的形式内容。

（二）借助媒体宣传提高少儿阅读推广效能

利用多种媒体渠道，加大少儿阅读推广活动的社会影响力。图书馆积极利用网络平台、各家报纸、电视台等多种媒体资源渠道，大力宣传和展示少儿阅读推广活动的进程，已达到传播速度快、辐射范围广的作用，及时唤起小读者们的阅读兴趣，提高他们参与的积极性。

（三）少儿阅读推广队伍建设

要进行少儿阅读推广，离不开专业的阅读推广人，他们是儿童阅读推广的核心力量，起着极其重要的作用。图书馆针对家长、教师和馆员这三大群体，连续开展了"点燃阅读之灯播撒幸福的种子"——阅读推广人培育行动，邀请陈晖、江华等著名阅读推广人及与少儿教育相关的专家、知名人士来威图授课，三年来，培养阅读推广人近千名，实践授课数百场，为少儿阅读推广工作注入强大生命活力。

四、总结

阅读是开启孩子智慧之门，打开认知世界的一把金钥匙，为他们今后茁壮成长奠定根实的学习基础。为少年儿童提供全方位、高质量的阅读服务是图书馆应尽的责任，威海市图书馆以实际行动践行着自己的使命担当，充分整合各类社会资源，培养专业阅读推广人才，优化阅读环境，大力打造品牌阅读活动，凝心聚力为少儿阅读推广事业续写辉煌。

案例二　山东大学（威海）图书馆"一院一书"导师领读佳文共赏

一、案例背景

随着全球高端科技领域以及网络信息数字化技术的快速发展，社会对高校培养的复合型人才需求也越来越迫切。然而，当下各高校还普遍存在着单一专业知识领域的培养模式，大学生的阅读还仅局限于专业知识学习，阅读的随意性、盲目性、片面性还很突出，跨学科视野和超前思维能力依然薄弱，跟社会快速发展的节奏存在较大差距，大学生还处于长期欠缺高质量阅读的躺平状态中，因此，当务之急是要唤醒和激发学生的"宽泛性"阅读热情。

当前，在双一流和高水平大学教育中，正在落实以深化专业知识和多学科交叉学习为途径，培养全面发展的高素质复合型人才为根本任务的教育教学改革。图书馆聚焦学校文化引领战略，开展以引导学生跨学科阅读和学习的阅读推广活动，通过学科贯通、导读、领读等深度阅读活动，开阔学生的阅读空间，探讨交叉学科学习路径方法，对于提升复合型知识人才综合素质，具有非常重要的时代意义。

山大威海图书馆联手校团委、学生会、阅微读书会于2020年读书节期间，策划了"一院一书"导师领读佳文共赏活动，每个季度定期邀请不同院系导师，领读基于导师所在专业的不同领域的通识类专业书籍，以跨学科阅读形式发起阅读风潮。

二、活动主题

导师领读佳文共赏

三、活动形式

本活动周期为一个月，月初发起共读，学生在线上阅读与讨论，月末由导师举行领读分享会，答疑解惑。2020年，本项目活动已开展四期。

四、活动步骤

（一）在图书馆的微信公众号上发布推送，介绍导师及其推荐书目，在评论区发起阅读倡议。

（二）参与者在规定时间内阅读推荐书目，并在评论区发表感想或简短书评。评论获赞最高的前三位将获得奖品。

（三）工作人员联系获奖者，核对身份〔获奖者须为山东大学（威海）的在读生，若身份不符，则获奖名次顺延〕。

（四）如期举办读书会讲座

1. 活动平台：腾讯课堂

2. 活动顺序

（1）导师作自我介绍，分享读书经验

（2）邀请学生分享读书经验

（3）导师介绍推荐书目，分享阅读感想

（4）学生提问环节

（5）导师总结性发言

3. 奖励优秀读者

工作人员将参加活动学生的发言进行记录和评选，活动结束后微信公众号公布获奖名单和领奖方式。

（五）奖项设计：发表评论高赞奖和线上读书会优秀发言奖

五、活动创新性

（一）阅读模式创新

学生共读模式：互相讨论监督，增加阅读趣味；导师带读模式：专业讲解领读，增加阅读深度。

（二）知识融合创新

阅读涉及多领域多学科书籍，提供跨专业学习平台。

（三）活动周期创新

活动长期存在，保证导师与学生的持续交流；活动的长期性有助于培养学生保持良好阅读习惯。

（四）推广形式创新

以音频文字结合形式推出每期分享会知识要点，为更多读者提供学习帮助，扩大活动影响力和覆盖面。

六、活动选例

2020年4月25日晚，图书馆通过腾讯会议平台，举办了"一院一书"导师领读佳文共赏活动，图书馆副馆长左峰、副研究员师晓青和来自各院系的35位同学参加了活动，师晓青老师主持。

本次活动由法学院的张伟强导师担任导读，他向同学们推荐了《经济学与法律的对话》和《美德的起源》两本书，张老师通过充满趣味且富有洞察力的解析，并以刘慈欣的《三体》小说为素材，形象地讲解了法律、经济学、进化理论的相互渗透，学科之间的相互促进和交叉融合，展现出跨学科理论与工具的超强解释力与综合分析力；他启发同学们提高对相关学科理论和跨学科研究的兴趣，在平时学习中搭建更科学合理的知识结构。最后张老师强调同学们要热爱读书，坚持读书，不断吸收各领域知识营养，提升自身综合能力。

讲座结束后，张老师和线上参会同学进行了互动交流，耐心细致的解答了同学们各种疑难问题。

最后，左峰副馆长做了总结发言，他指出"一院一书"读书会通过邀请院系导师推荐领读基于本专业的通识类书籍，拓展了大学生的阅读视野，对启发大学生对交叉学科的探索具有积极引导作用。他建议大学生读书要注重多向度思维和跨学科探索，走向融合化发展和包容性阅读，成长为复合型人才，并希望"一院一书"活动长期开展下去。

七、结语

山大威海图书馆开展的"一院一书"导师领读佳文共赏活动，契合学生阅读需求，为学生搭建了更宽泛的阅读平台，通过阅读干预服务促进深度阅读与思考；经过不同专业背景导师的推荐领读和深入讨论，启发引导大学生形成跨学科阅读积累，为培养复合型人才凝聚力量，在学校双一流建设中积极发挥图书馆文化引领作用。

第七章　鲁西北地区阅读推广案例赏析

鲁西北是指山东省内位于黄河以北的地区，京杭大运河贯穿南北，黄河横亘东西入海。主要包括德州市、聊城市、滨州市和东营市。是全国重要的粮食、棉花种植和产业基地，以德州为经济文化交通中心。

第一节　聊城市海源阁图书馆与聊城大学图书馆案例

案例一　海源阁图书馆：让中华古籍焕发生命活力——2020年古籍推送选例

一、海源阁图书馆简介

聊城市海源阁图书馆坐落于风光秀丽的聊城古城区内，始建于1954年，是依托清代著名藏书楼海源阁建立起的市级公共图书馆，2017年被山东省文化厅评为"山东省古籍保护工作先进单位"，现有藏书30多万册，含古籍善本近万册、地方文献丛书4000余册。海源阁图书馆藏品以古代典籍为主，部类齐全，包含大量书业德，善成堂，有益堂，宝兴堂四大书庄所刻图书，其中书业德最负盛名，不仅体现在它的规模上，而且在全国各地的连锁机构达到十多个，它的刻书有近千种，包括经史子集，子部书集中在医家、儒家和小说类。

二、让中华古籍经典"活"起来推送选例

习近平总书记曾指出："要系统梳理传统文化资源，让收藏在博物馆里

的文物、陈列在广阔大地上的遗产、书写在古籍里的文字都活起来"。2020年海源阁图书馆开展了众多让中华古籍经典"活"起来推送系列项目，本文抽选部分活动，以供参阅。

选例一：古都聊城，书香远溢——海源阁图书馆古籍推送系列

珍藏的古典文献过去多"幽居"封存在库房内，很少向世人展露。为了让古籍重新焕发生命活力，让更多的人走进图书馆，品味古籍之美，海源阁图书馆陆续推送五期甄选馆藏经典古籍，以飨读者。

第一期：6月4日推送的是书业德书庄刻印的医家类典籍：笔花医镜四卷。笔花医镜四卷（清）江涵暾著，清光绪三十三年（1907）书业德石印本九行二十四字。

第二期：6月11日推送的是书业德书庄刻印的子部小说类典籍：四大奇书第一种，五十一卷一百二十回，明代四大奇书：《水浒传》《三国演义》《西游记》和《金瓶梅》。

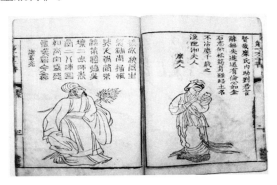

第三期：6月19日推送的是书业德书庄刻印的子部小说类典籍：东周列国全志二十三卷，东周列国全志是明代著名白话历史演义小说，是明末小说家冯梦龙著，清代蔡晃评点，成书于清代乾隆年间。

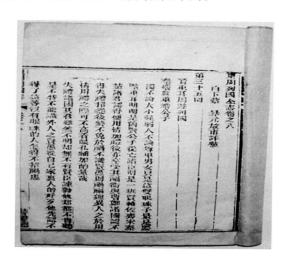

第四期：7月3日推送的是书业德书庄刻印的子部儒家类典籍：龙文鞭影初集，《龙文鞭影》原名《蒙养故事》，明代万历时萧良有撰。后经安徽人杨臣诤加以增订，改名《龙文鞭影》。

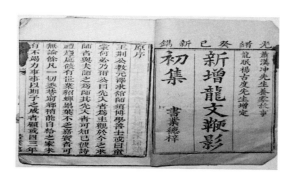

第五期：7月17日推送的是书业德书庄刻印的经部诗类典籍：诗经嗜凤详解八卷（清）陈抒孝纂辑 清光绪二十一年（1895）新镌书业德刻本。

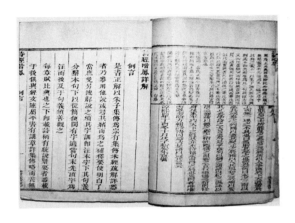

选例二：《带您走近古籍，领略其中魅力》公益讲座

为大力宣传和弘扬中华优秀传统文化，让经典"活"起来，让古籍走进大众，发挥图书馆的服务育人职能，聊城市海源阁图书馆于2020年8月14日举办了《带您走近古籍，领略其中魅力》公益讲座。主讲老师从古籍的基础知识、古籍外在结构及版式等多方面向同学们展现了中国古籍的风采神韵。

同学们对于古籍知识了解甚少，充满了强烈的好奇心和学习欲望，听完讲座使大家对中华古籍有了更全面的认识，增强了他们的爱国情怀，深切体会到保护古籍就是保护我们中华文明的文化根基，树立了对古籍保护的意识和责任感。

选例三： 刻书藏书与聊城——"七夕"晒书活动

"七夕节"是中国传统节日，是传说中牛郎织女团圆相会的日子。对于藏书家来说，这天成为中国传统的晒书日，藏书家们照例会把自己的藏书晾晒一番，一是起到防霉杀菌驱虫的作用，二是和自己的爱书在晴日里亲近一番，别有一番重聚相会的情感味道，由来已久"晒书"已成为中华古籍文化的价值体现。

近年来，国家号召全国各古籍收藏单位，通过"晒国宝""晒经典""晒传统""晒技艺"等多种形式，让中华古籍经典"活"起来，为文化续脉，为时代添彩。8月25日，海源阁图书馆举办"刻书藏书与聊城——中华晒书系列活动"。活动中讲解了聊城刻书与藏书的兴史与成就、"四大书庄"的刻印典籍、雕版印刷工艺等内容，使读者对聊城刻书与藏书的历史有了全面了解。

三、结语

海源阁图书馆开展的各种古籍推广活动，不仅让中华古籍重新焕发生命活力，唤起大众对传统典籍的关注，而且有助于激发人们在亲近经典中增强文化自觉，进而在滋养民族心灵、培养文化自信中发挥重要作用。

案例二　聊城大学图书馆古籍阅读推广实践

一、背景起因

聊城曾是中国的印书中心，商贾辐辏，运河文化底蕴丰厚。流传至今的古籍藏本也是非常富庶，如果只将这些古籍深阁柜锁用来收藏和保护，不加以开发利用，就难以继承和弘扬中华传统文化，体现不出其应有价值，就是资源浪费。然而，随着移动终端和多媒体的快速发展，高校学生的阅读方式发生了重大变化，纸本阅读在网络阅读、微阅读、碎片阅读等新的阅读方式影响下，图书馆的图书借阅量出现大幅下滑，古籍文献更是难有问津和阅读。聊城大学图书馆针对当前现状，分析研究制定出系统科学的古籍阅读推广策略，实施了深层次、多样化的古籍阅读推广服务。

二、古籍文献阅读冷落原因分析

聊城大学图书馆现有古籍类线装藏书720种近8000册，还存有大批次生古籍（新版古籍）如《文渊阁四库全书》《国家图书馆藏敦煌遗书》《中国地方志集成》等大型丛书，这些古籍丛书陈列在古籍阅览室，实行开架阅览。阅览室平时接待的大多是中文、历史专业的师生，其他专业很少，近年来，受多种影响，读者一度减少。出现这种局面的原因，分析主要存在以下四个方面。

（一）识字障碍，阅读不畅

由于古籍图书文章都是用繁体古文刻印的文言文，没有符号标点，而且是竖排右读。由于大多数非中文专业的读者古文字通识能力普遍较低，古籍的这些特征给大部分读者带来很大阅读障碍和理解困难。

（二）古籍不受重视

认为古籍知识无用而被轻视。当前，读者阅读更注重功利和实效性，学生大多将阅读倾注于英语等级考试，考研，考公，考教资等任务上，以至于没有时间将晦涩难懂的古籍列入阅读视野。

（三）查阅信息茫然无措

古籍检索和查阅方面缺少系统方法和指导，感觉比较烦琐无从下手，造成读者阅读导向不明确而止步。

（四）新媒体带来的冲击

受到网络和新媒体影响，读者热衷于网络搜索和利用新媒体阅读，使阅读趋向随意性和碎片化，古籍这种费神费时的阅读受到很大冲击。

三、古籍阅读推广实施策略

聊城大学图书馆通过提升馆员古籍文献服务能力，全方位助力学校相关领域科研项目，发挥古籍文献的最大价值；其次通过开展多种形式的古籍阅读推广活动，提高大学生群体对古籍阅读的兴趣爱好。

（一）提升馆员古籍服务能力

1. 加强古籍馆藏文献资源建设培训，要求馆员熟悉馆藏的存放门类、数目、书目、内容、存放排布位置等资源情况，做到了然于胸。

2. 提高古籍文献知识。图书馆通过开展古籍文献知识讲座、培训、自我学习相关书籍和看专题纪录片等方式，夯实古籍业务知识。

（二）主动性服务

1. 主动搭接学校重点科研项目，提供对口服务

近年来，聊城大学相关科研团队正紧锣密鼓地进行运河研究，南太平洋岛国研究，海源阁研究等专题研究。图书馆主动搭接这些重点科研项目，采取嵌入式对口专项服务，通过学科馆员在古籍文献采访、采购，专项数据库建设，文献信息传递等方面为科研团队提供全力支持和深层服务，切实为学校科研攻关提供全方位服务保障。

2. 积极开展读书会、读书达人等阅读推广活动

图书馆定期开展以"激活经典熔古铸今"为题裁内容的"心阅"读书会，阅读分享如《诗经》《孙子兵法》《墨子》等典籍，通过阅读古籍经典文献作品，感悟古人璀璨超凡的思想精髓和丰美凝练的语言风格，激发起学生熔古铸今的阅读热情。图书馆每年定期举办"古籍读书达人"活动，通过对读者古籍借阅量和读书笔记等方面的综合表现，在全校师生中评选出读书达人并给予奖励，以读书达人为榜样从而激励和带动更多读者加入古籍阅读行列。

（三）个性化服务

1. 加大古籍馆藏利用宣传力度

（1）组织读者进古籍阅览室参观，现场为读者详细讲解馆内古籍情况，加深了读者对馆藏古籍的了解和感性认识。

（2）开展古籍检索讲座，如《如何检索四库全书》《中文工具书的使用

方法》等，让读者能熟练地查寻自己所需要的古籍文献资料。

2.发挥学科馆员的桥梁作用

组织学科馆员下院系开展古籍知识推广系列讲座活动，如《图书馆服务及资源简介》《图书馆〈四库全书〉的前世今生》《古籍装帧形式》等讲座，通过发挥学科馆员的桥梁作用，进一步提高了学生对馆藏古籍的利用和兴趣。

（四）泛在化服务

图书馆重视新媒体传播功能，进行泛在化服务。通过微信公众平台每周固定推送《馆长带你读红楼》《聊城传统文化故事系列》等系列栏目，深受广大读者喜爱，已成为图书馆阅读推广文化品牌。

（五）精准化服务

图书馆针对不同的阅读群体，提供精准化服务。文史哲专业的研究生和本科生是古籍文献阅读的重点群体和服务对象，图书馆根据该类读者群出现的阅读需求提供有针对性的服务，并为他们传授阅读方法，如通过推荐古籍文献"导读书"，使读者阅读古籍驾轻就熟。对于普通理科读者群，则通过开展多种古籍阅读竞赛活动，引领他们踏上古籍阅读之路。

三、结语

承载着厚重文化底蕴的古籍，是我们中华民族的宝贵遗产和精神财富。在保护古籍文献的基础上，充分挖掘发挥馆藏古籍文献资源的价值，真正做到用起来、活起来，是高校图书馆义不容辞的责任；聊城大学图书馆通过主动开展深层次、多样化的古籍文献阅读推广活动，使古籍资源真正做到为学校教学科研服务，为读者学习服务，为传承中华传统文化服务，在校园形成"走近古籍，阅读经典"的书香氛围。

面对社会发展的诸多影响，古籍阅读推广的道路依然艰巨，需要图书馆人不断探索、交流和坚持，才能让中华古籍永放光芒。

第二节　滨州市图书馆与滨州学院图书馆案例

案例一　滨州市图书馆扩大"书香半径"让阅读服务城乡全覆盖

一、滨州市图书馆馆藏与服务特色简述

滨州市是一座与黄河文明相伴随的发展中城市，积淀了丰厚的本土特色文化。作为地市级图书馆，本土性是滨州市图书馆的一大内涵特色，注重收藏本土地方文献和图书，建有"滨州本土文库"，不仅能满足滨州人专业性的阅读需求，也能为传播滨州本土文化提供帮助。近年来，图书馆大力推进阅读推广服务，提出了"我为群众办实事"的服务口号，通过走出去扩大"书香半径"主动上门服务的发展模式，让书香溢满滨州，形成城乡全覆盖的阅读服务发展态势，助力城乡文化建设，受到社会各阶层读者的热情拥护和支持。

二、开展馆际文献资源共建共享和文献互换工作

滨州市图书馆积极加强与滨州辖属各级公共图书馆沟通合作，搭建交流平台，开展馆际文献资源共建共享和文献互换工作，为推动全市公共图书馆文化事业的融合发展、资源均享起到排头兵作用。

如2020年8月，市图书馆一行来到沾化区图书馆开展馆际交流，将21大类1194种15000册图书调拨给沾化区图书馆，双方签订了馆藏共建协议书。两馆还开展了地方文献互换活动，滨州市图书馆精心挑选出11种27册地方文献进行互换，包括《盛世滨州》《抗日风云谱》诗文集等。沾化区图书馆交换地方文献6种14册，包括有《沾化县志》《沾化县文学作品集萃》《沾化英模谱》等本土文献。

2020年，市图书馆通过馆际互换、社会及个人捐赠等方式共接收地方文献579册，其中包含具有滨州鲜明本土特色的文献，如《渤海大地上的丰碑》《盛世滨州》《滨州杜氏家族故事》《抗日风云谱》等。

三、"书香公交"扩大"书香半径"

2020年市图书馆启动了流动服务车"书香公交"模式，扩大了"书香半径"，使阅读服务延伸到城乡各个角落，打通公共文化服务"最后一公里"，形成书香辐射全覆盖，同时也扩大了阅读推广服务的内容和范围。

服务车可容纳图书600余册，可为读者提供纸质图书借阅、电子图书下载、读者注册等服务，并与市图书馆总馆通借通还。通过与中学对接流动服务点，推行精准的"点单服务"，开展"书香进校园"图书期刊推荐等活动，使学生能方便、快捷、精准地获取所喜爱的读物；与部队开展文化共建，丰富了战士们业余精神文化生活，如2020年为北海新区消防救援大队办理了集体借阅证，提供精准流动阅读服务；为企业提供个性化信息服务，开展企业情报与专题咨询服务，举办助力企业创新发展专题培训会等服务，如2021年，市图书馆特邀著名创新方法专家张明勤教授为滨化集团40名科研人员带来企业创新发展讲座，助力企业科研创新发展。此外，还与许多行政事业单位联合共建共享图书服务点，开展对接阅读服务。

市图书馆坚持"送文化"与"种文化"相结合，充分利用流动服务车开展送书下基层活动，以实实在在的惠民行动贴近群众，践行"我为群众办实事"的诺言。

四、阅读推广活动进社区

滨州市图书馆积极开展"文化进万家"主题活动，走进社区开展内容丰富、形式多样的阅读推广服务。为社区送报纸和读报指导活动，拓宽了居民的文化视野，提高了居民的文化修养；为社区居民宣传讲解数字资源有关知识及利用，大家对数字资源产生了浓厚的兴趣，加深的了解，开拓了获取知识的途径；在社区开展图书展览活动，让社区居民读者相互交流读书体会，创造了"全民读书、全社区支持"的良好氛围；活动的开展丰富了居民们的业余生活，带来了精神上的快乐。

为了营造全覆盖的阅读环境，市图书馆广泛设立图书馆（室、点），大力支持基层图书馆的创建或重建，不断为乡村图书室捐赠图书，并开展丰富多彩的阅读活动，延伸了市馆的服务内容，更大程度上满足了市民多样化的文化需求，收到了良好的服务效果和社会赞誉。

总　结

滨州市图书馆这种积极主动走出去的阅读推广创新模式，具有良好的阅读推广模范带动作用和全民阅读的社会效应，取得了不错的社会反响，真正体现出公共图书馆为社会服务和文化惠民的根本宗旨；尤其是"流动服务车"服务模式更接地气，深受社会各阶层所喜爱，为"书香半径"的扩大提供了更大动能；希望今后这种模式在政府和大众支持下做大做强。

案例二　滨州学院图书馆的地方文献资源建设

一、滨州学院图书馆地方文献资源建设的区域优势

滨州是黄河三角洲区域核心城市，作为黄河文化和齐文化的发祥地之一，历史和文化源远流长，积淀了丰厚的文化资源。古代著名军事家孙武、汉孝子董永、文学家东方朔、政治家范仲淹、著名词人李之仪等在这里留下不朽杰作；解放战争年代这里还是我国著名的渤海革命老区，至今传承弘扬着弥足珍贵的红色文化；这里民俗文化遗产丰富，如山东吕剧、鼓子秧歌、清河镇木板年画、蓝印花布制作技艺等。因此，滨州学院坐落在这片文化肥沃的土地上为图书馆的地方文献资源建设提供了丰富来源，具备得天独厚的区域优势。

二、当前滨州学院图书馆地方文献资源建设现状

图书馆重视地方文献资源建设，建有报纸文献库、滨州文库、黄河三角洲文献室，收藏地方文献和孙子研究文献。数字资源建有《地方志数据

库》，以及地方特色鲜明的《黄河三角洲文献数据库》和《孙子研究数据库》，两库已于2010年加入了中国文献保障系统（CALIS），为配合学校特色发展，于2017年着手建设了《航空文献资源库》。

三、地方文献资源建设的主要措施

（一）制订长远规划，组建专业队伍

图书馆根据滨州地域文化特色，结合滨州学院发展蓝图，制订出"滨州学院图书馆地方文献建设长期工作计划"及"地方文献的分类收集和中期建设计划"，成立了"黄河三角洲地方文献中心"。中心下设"中国孙子兵学研究所"和"黄河三角洲地方文献室"两分部，配备有文献学专业，文理学科搭配合理，有较高信息素养，本、硕学历层次组成的地方文献资源建设队伍，以确保滨州学院图书馆地方文献工作的长期发展。

（二）对原有馆藏地方文献的加工整理

对滨州学院2001年建校之初，三校图书馆合并的4300余册馆藏地方文献重新进行整理汇总、编录书目，加工后分门别类归档排架；并将馆藏地方文献进行了系统化、数字化处理，实现了地方文献资源的集成和智能化管理，为今后馆藏地方文献建设和发展奠定了基础。

（三）地方文献的征集措施和渠道

1.利用多种媒体方式广泛宣传，发布征集通告和倡议书

通过学校和图书馆网站、微信公众平台、当地县区电视台、黄河三角洲新闻网、《滨州日报》等众多媒体发布文献征集通告和倡议书。多年来，陆续有师生及社会热心人士来馆捐赠颇有价值的地方文献资料。如2021年4月，画家赵先闻先生为滨州学院图书馆"滨州文库"捐赠了《花鸟名家赵先闻》《花鸟画名家赵先闻》《岁月恩典——赵先闻从艺50周年艺术文献集》《那些年我们一起走过——赵先闻和他的青年画家朋友们》等四种35册作品，既有从艺五十周年的大型文献，也有各个时期出版的画集，具有很强的代表性。赵老希望加强与滨州学院图书馆的交流沟通，积极参与到"滨州文献"

的建设中去，贡献自己的力量。

2. 积极建构地方文献征集工作网络

滨州学院图书馆组建了专门的地方文献收集网络与队伍，与政府各机关、兄弟院校图书馆、地方图书馆、档案馆、史志办等单位建立了长期合作关系，经常沟通交流、互通有无，不断健全征集工作网络体系。如：2021年9月，滨州市委党史研究院（滨州市地方史志研究院）副院长毛英全代表研究院向图书馆捐赠了《中共渤海区地方史》《中共滨州历史》（1950–1978）、《滨州年鉴2009》至《滨州年鉴2020》以及《"老渤海精神"研究文集》等30余种百余册图书。2022年2月，邹平市图书馆一行走进滨州市图书馆，开展业务交流，双方表示，要在今后切实加强地方文献的搜集、整理、保存及服务力度，增加文献交流互换次数，并通过数字资源链接或共建平台等方式，实现资源共享。

3. 实地采访

图书馆采取主动地走出去的方式，深入田间地头、乡镇街道、集市等地现场采访或拜访民间人士，从而全面地了解和掌握本地区文献资源的分布状况、种类、数量、存世现状等情况。自2003年以来，图书馆通过这种方法收集了大量珍贵的民间地方文献资料，其中有图片300多幅、音频2000多份（种）。

4. 网络搜集

图书馆通过网络、多媒体等多渠道搜集地方文献信息，并将庞杂、散乱的资料经过认真仔细的甄选和整理，归类成集中、有序的文献资源，这种搜集方式也是文献资源获取的重要途径。

5. 购买珍贵文献资料

图书馆组织地方文献搜集队伍走进街道、乡村等地进行广泛的搜寻，一些废品回收站、古旧书摊、书店等场所也是经常到访的地方，收购有价值的文献资料，如:《山东省国民经济文化教育统计资料:1952—1957》（1959年出版，内部资料）；清道光二十年（1840）《重修博兴县志》、清咸丰九年

（1859）《武定府志》等珍贵文献，这些文献资料充实和完善了馆藏地方文献资源。

四、结语

滨州学院图书馆利用自身的区域、人才等资源优势，围绕建设滨州地方特色文献资源为核心发展目标，通过组建地方文献资源建设专业队伍、积极构建文献征集工作网络、开展合作交流和主动走出去等措施，补充和丰富了地方文献资源建设，这对于挖掘和保护地方文献资源，扩充馆藏特色和实力，有着深远的发展意义和学术研究价值。

第三节　东营市图书馆与山东石油化工学院图书馆案例

案例一　东营市图书馆利用全媒体开展阅读推广服务

一、东营市图书馆全媒体技术发展现状

随着网络数字化、云服务等高科技手段的飞速发展，公共图书馆阅读推广服务进入了全媒体技术时代，推广模式也逐渐呈现出了多样化发展的特点，越来越多的满足读者全方位多元化阅读需求。

近年来，东营市图书馆大力推进全媒体技术在阅读推广服务方面的创新应用，融合多种媒介技术手段，向读者提供形式多样的阅读服务。图书馆目前已建成各类数字资源达47TB，包括电子资源、自建资源、试用资源等，并创建东营市公共图书馆全媒体共享服务平台，平台建设应用了先进的云服务，实现文献传递系统与OPAC系统、电子书系统、中文期刊、外文期刊、外文数据库系统等的链接，读者直接通过网上提交馆际申请，就可以实时查询申请处理情况，并通过平台无缝获取成员馆海量的文献馆藏及电子资源。

二、利用全媒体开展阅读推广服务实践

（一）为读者提供方便快捷的全媒体文化服务

为让读者方便快捷地利用数字资源，数字图书馆每年投资50万元，购进包括知航数字图书馆、中国知网期刊数据库、贝贝国学数据库、考试资源库、汇雅电子书等电子资源；自建资源包括已建成的东营市非物质文化遗产库、东营名士等5个地方特色数据库；依托超星海量数据资源，通过整合超星读秀、百链的数据资源全面扩充公共图书馆文献资源，为读者提供多种文献信息，并以每天20万条索引的速度不断更新中；建成东营市公共图书馆全媒体数字联盟平台、地方文献、政府公开信息、手机移动图书馆、图书馆微信公众号等数字平台，随时随地为读者提供信息查询、馆藏借阅、资料下载等服务，使读者可以享受零距离、零时差的文化服务。

通过全媒体阅读服务满足了读者不同层次的文献信息需求，使服务更具人性化、现代化，真正体现出图书馆文化惠民的社会价值。

（二）为读者提供图书荐购和新书推介服务

图书馆利用全媒体搭建网上"图书荐购"系统平台，开展"你选书，我买单"主题活动，为读者提供精准的"订单式"一条龙服务。利用图书馆网站、微信和黄河口晚刊专栏定期推送新书通报或好书推介；设置新书推荐书架，方便读者及时接收新书到馆情况。

（三）为读者提供全天候全方位自助功能服务

图书馆外分别在广场、机关、学校等人员密集场所设置了自助图书馆和便民书屋，24小时全天候对外开放，方便读者及时借还图书。图书馆内无线网络全覆盖，为读者提供免费无线上网服务；配有Interlib图书管理系统和RFID智能图书自助管理系统，支持读者全面自助服务；电子读报机、电子书借阅机、贝贝国学等为读者提供电子阅览等服务。

（四）远程服务繁荣城乡群众文化生活

2020年数字文化广场常态化开展的"1对N"远程培训和辅导等服务，被文化和旅游部评为基层公共数字文化服务推广项目。107处电子阅报屏拓展了

数字化阅读服务，智能自动化设备提升了公共图书馆服务效能，公共电子阅览室也实现了城乡全覆盖，丰富了城乡群众文化生活，开启了文化事业繁荣发展新面貌。

三、结语

东营市图书馆依托强大的数字资源优势，发挥公共图书馆全媒体共享服务平台作用，融合多种媒介技术手段，创新延伸阅读推广工作，为东营市的文化、科技、信息服务提供方便快捷的智力支持。利用全媒体技术开展阅读推广是社会文明进步的需要，是顺应时代潮流发展的需要，是对传统阅读推广模式的补充与拓展，公共图书馆只有通过线上+线下相结合方式开展阅读推广工作，才能满足不同读者群体不同社会阶层的文化需求。全媒体时代背景下，公共图书馆的发展机遇和挑战并存，只有结合自身情况，制定科学化的阅读推广服务策略，积极探索积累经验，不断提升阅读推广成效，才能推动公共图书馆的升级发展，为读者提供更加优质、高效的服务。

案例二　山东石油化工学院图书馆打造"思达思享"读书会活动品牌

一、活动背景

为引导师生积极参与读书活动，共建"书卷气"校园，2019年11月26日，图书馆精心打造的"思达思享"读书会活动品牌正式启动。"思达"一词，由院长刘衍聪教授提出，"思达"为英文"STAR"的音译，意为通过选树优秀读者，像星星一样发挥榜样示范作用，营造群星璀璨的阅读环境，影响和带动更多同学爱上阅读，让阅读充实大学生活。"思达"行动是学校育人工作的特色品牌，"思享"意为有思想、爱思考，有见解，乐分享。"思达思享"读书会，既通过不同主题、不同形式的读书活动，引导师生多读书，在思考中延伸境界，在思辨中开拓视野。

2021年图书馆报送的"思达思享"读书会案例，成功入选由中国图书馆学会阅读推广委员会主办的"2021年高校图书馆阅读推广案例征集展示活动"参展名单。

二、"思达思享"阅读推广方式

"思达思享"阅读推广采取线上共读、线下分享相结合方式进行，每月引领师生共读一本书。线上每月共读一本电子书，线下每月进行阅读分享，线上通过图书馆微信公众号、图书馆网站获取电子资源，或者借阅纸质图书参加读书会；线上QQ群里有一名"领读人"，带领读者在规定的时间内读完一本书；线下举办读书分享会，设主持人、主讲嘉宾、分享嘉宾，他们围绕阅读的内容带领读者交流读书感悟。

三、案例赏析

图书馆以"思达思享"为平台，以"初心使命"读书会、"红色经典阅读""最美晨读"等为载体引导师生在阅读中启迪心智；在阅读中增益才华，提升文化素养，共建"书香校园"。受疫情影响截至2022年3月，线上通过图书馆网站文化品牌栏目已推出21期，线下推出了14期。下面抽取几个案例以飨读者。

（一）图书馆举办"初心使命"主题读书会活动

为配合学校开展的"不忘初心、牢记使命"主题教育活动，2019年11月29日，图书馆举办了"思达思享"阅读品牌的第一次读书活动，以"初心使命"为主题的读书会。有学校领导、各分院党总支书记、支部书记、辅导员、思政课教师以及学生党员代表等30余人参加了读书会。图书馆馆长沙斌担任活动主持人。

本期读书会推荐书目是《中国共产党最有理由自信》《习近平关于"不忘初心、牢记使命"论述摘编》，特邀油田党校的孙保真教授担任本期读书会的主讲嘉宾。孙教授以史为纲，围绕"四个自信"讲述，引导师生深入钻研理论知识，通过阅读涵养初心、武装头脑，树立坚定的理想信念，努力为中华民族之崛起而读书。分享嘉宾副院长王晓勇结合电视剧《特赦1959》故事情节，阐释了中国共产党胜利的根本选择和为人民谋幸福的发展道路。文法与经济管理学院党总支书记周向军分享总结了马克思主义理论的特征和内涵。其他嘉宾也先后分享了自己的读书心得和体会。

"初心使命"主题读书会活动现场

（二）交流思想、畅谈感悟、分享心得——"思达思享"读书会

2020年9月22日，图书馆"思达思享"线下读书会在咖啡休读吧举办。读书会以分享交流的形式，畅谈读书感悟、碰撞思想火花，为同学带来一场丰富的阅读盛宴。图书馆馆长沙斌担任读书会主持人。

受疫情影响，"思达思享"读书会从今年五月份开启线上模式，每月在线上共读一本电子书，总计有六百余人参加了云端阅读活动。本期读书会是对前四期读书会的总结，有五位同学作为分享者，就线上共读的《习近平的七年知青岁月》《朱自清散文集》《我与地坛》《任正非:九死一生的坚持》四本书，交流读书感悟，分享阅读心得。主持人结合自己的阅读体会与分享者、现场读者沟通交流，大家直抒胸臆，气氛浓郁而热烈。

（三）举办"思达思享'白衣执甲，大爱无疆'"主题读书会

2020年初，新型冠状病毒肆虐中华大地。为体现护理专业特色，结合抗疫主题，图书馆联合护理学院举办"思达思享'白衣执甲，大爱无疆'"读书分享会。

本期读书会共读书目是知名作家李秋沅撰写的《钟南山:生命的卫士》一书。图书馆特邀胜利油田中心医院工会副主席袁帅，中心医院急诊科副护士长、第一批援鄂护士苟田田参加读书会，她们分享了来自抗疫前线医务工作者抗击疫情与死神赛跑的难忘经历，引发大家共鸣。这种与专业契合的读书方式既达到了读书增智的目的又增强了防疫专业知识，还让读者接受了一场爱国思想的精神洗礼。

"思达思享'白衣执甲，大爱无疆'"主题读书会活动现场

（四）开展"最美晨读"活动

为打造精神文化高地，图书馆2019年上半年开展了"最美晨读"活动，先后有100多人每天早晨7点钟到图书馆门前读书，其中37人坚持28天获"最美晨读者"称号，21人坚持15天以上获"美丽晨读者"称号。

（五）举办"红色经典阅读"征文活动

庆为祝新中国成立70周年，图书馆举办"红色经典阅读"征文活动，《平凡的世界》《青春之歌》《钢铁是怎样炼成的》这些经典书籍在深度阅读后引发大家的思想共鸣，有71名同学写出了读后感，其中评选出一等奖2篇，二3篇，三等4篇，优秀奖7篇。

四、"思达思享"读书会创新点

探索了新的阅读模式，希望通过群体的力量相互影响、相互约束，从而坚持阅读。线上读书会更是后疫情时代下图书馆对于阅读推广新尝试，这样的推广让学生足不出户就可以参与到阅读活动中来。

五、寄语

大学是成才的摇篮，大学图书馆是知识的海洋、心灵的港湾。青春正在拔节生长，读书是滋养生命的阳光雨露，徜徉在书卷气的校园里安静的捧卷阅读才是最美的风景。爱书的老师、同学，请走进翰墨飘香的图书馆，一起来品味经典、谈古道今、饱尝经纶，岂不释然！

第八章　鲁中南地区地方文献阅读推广案例赏析

鲁中南地区按目前山东省行政区域划分包括：枣庄、临沂、日照三市，以旅游、红色教育为主要文化特征。

第一节　枣庄市图书馆与枣庄学院图书馆案例

案例一　枣庄市图书馆多元化开展阅读推广服务

一、枣庄历史文化与地域特色概述

枣庄市是一座历史悠久的文化古城，是"东夷文化"和"北辛文化"的发源地，在先秦时期，是中国古都城分布最密集的地区之一。历史上造车鼻祖奚仲、思想家墨子、战国四公子之一的孟尝君、足智多谋的毛遂等诞生于此。

京杭大运河的贯通，促进了运河沿岸地区的经济文化繁荣，商贾云集的台儿庄古城融汇了南北、中西文化而形成鲜明的运河文化。枣庄素称鲁南煤城，煤质优良，采煤业历史悠久。枣庄又是光荣的英雄城市，台儿庄战役、铁道游击队沉重地打击了日本侵略者而名传天下。

二、多元化阅读推广服务

枣庄市图书馆始终秉承"读者至上，服务第一"的宗旨，发挥全民阅读主阵地作用，大力推进学习型社会建设；倡导全民共建共享原则，成立了枣庄市全民阅读联盟，不断加快推进现代公共文化服务体系建设，加大文化设施投入，通过多元化的阅读推广服务，满足全民多层次多元化的阅读需求。

（一）提供智能化、数字化阅读推广服务

枣庄市图书馆加强智能化、数字化、网络化读者服务平台建设，成立了"全国文化信息资源共享工程"枣庄分中心，图书馆网站开通了数字图书馆推广工程、枣庄市图书馆数字分馆、光明数字图书馆、枣庄市政府公开信息查询服务平台、市民综合素养学习资源库（本地镜像版）、本地特色资源库、地方文献数据库、台儿庄战役史料数据库等数字资源平台，将一批具有枣庄特色的优秀文化信息资源，进行了数字化集成存储，成为馆藏特色文献。图书馆内设有OPAC查询机、超星电子书借阅机、云屏数字借阅机、少儿多媒体学习机等，为读者提供借阅服务和数字图书馆体验。

1. 地方文献与古籍资源数字化阅读服务

将地方特色文献进行了数字化，链接在图书馆网站上供读者查阅、利用。地方文献数字化是图书馆利用网络平台进行地方文献阅读推广服务一项重要手段，有利于提高用户使用信息资源的效率。

古籍资源经过数字化后，实现了在线发布与共建共享，使读者和学者在家就能查阅藏在馆阁中的珍贵古籍，使古籍保护与利用相得益彰。

2. 电视图书馆

2017年省内首家地市级电视图书馆——枣庄电视图书馆正式开通，以数字电视为载体向用户提供图书馆信息资源服务，内设枣图概览、枣图资源、阅读基地、新书推荐、少儿天地、共享工程等10个栏目，各类资源6万余种，并不断更新扩容，市民足不出户即可走进图书馆。电视图书馆投用以来，极大地提高了图书馆资源利用率，方便了读者，促进了公共文化的社会服务效能。

3. "尼山书院" 建设

"尼山书院" 建设工作卓有成效，设立中文在线阅读机和体验区，开通枣庄市图书馆尼山书院网站，每月举办 "尼山书院" 国学讲堂1—2讲，开展了经典诵读、国学普及、礼乐教化、道德实践、情趣培养 "五个板块" 的文化活动。

4. 利用 "AR技术" 开展阅读推广活动

随着科技的进步，AR技术在图书馆阅读推广中发挥了重要作用，使阅读内容、活动更丰富更充满乐趣。枣庄市图书馆利用AR技术开展众多读者活动，如图书馆举办 "AR智慧阅读" 书展活动、"裸眼4D百科AR互动" 活动、"AR科技世界的成语大乱斗" 主题少儿活动等，增强了阅读的体验和趣味，享受智慧阅读带来的欢乐，激发了阅读的热情。

"AR科技世界的成语大乱斗" 主题少儿活动现场

（二）走进基层助力全民阅读

近几年，枣庄市图书馆坚持开展全民阅读进基层活动，丰富基层群众的精神文化生活，营造 "书香枣庄" 的良好氛围，助力全民阅读开展。2021年枣庄市图书馆被山东省委宣传部授予"山东省第六届全民阅读示范基地"称号。选例如下：

1. 走进峄城图书馆助力基层阅读推广

为大力推动基层阅读推广，2019年11月，枣庄市图书馆在峄城区图书馆举办"阅读好声音"朗诵技巧公益培训活动。邀请山东省演讲学会副会长张健鹰主讲，培训为读者传授了诗词朗诵技巧和朗诵思想感情表达等方面的内容。张老师采取听读纠正、现场点评方式，多角度、深层次地对读者细心讲解，现场学习气氛轻松愉悦，培训提高了读者们的朗诵兴趣，提升了他们的朗诵水平和表演气质，培训吸引了40余名朗诵爱好者参加，活动受到大家的一致欢迎和好评。

2. 走进乡村小学开展家庭教育专题讲座

为提高全民素质教育，强化家庭教育优良传统，2020年12月，市图书馆走进台儿庄张山子镇半楼子小学举办"母亲素质提升工程"家庭教育专题讲座。讲座邀请了枣庄学院刘丽博士给大家做了精彩的演讲，讲座有学生家长及教师代表100余人参加。刘博士向大家讲解了孩子成长过程中家庭教育的重要性，并结合具体实例分析阐明如何陪伴孩子成长，如何控制情绪，孩子良好习惯的养成等科学育儿知识和方法。最后，刘博士与家长进行了现场互动解答，讲座结束后，与会学生家长们纷纷表示获益匪浅，意犹未尽。

3. 走进社区开展文化惠民活动

为深入实施文化惠民工程，2020年10月，市图书馆走进山亭区山城街道办事处海子社区（东区），为这里的社区居民送去各类图书共1000册，涵盖政治历史、文学、医学保健、农业科技、少儿读物等，适合社区不同年龄居民的阅读需要。活动体现了图书馆优质资源共建共享，文化惠民落在实处；丰富社区群众精神文化生活求，营造了书香社区，引领和促进了全民阅读。

（三）常态化阅读推广活动

1. 坚持传承弘扬传统文化

市图书馆每年举办新春灯谜会，丰富群众节日文化生活。开展"七彩课堂"青少年主题系列培训，包括书法、国画、国学诵读、非遗手工体验、乐器等，满足了孩子们个性化艺术需求，又使中国传统文化得到继承和发扬。

2. 坚持开展品牌化阅读推广活动

市图书馆坚持阅读推广品牌化为引领，以传承普及为己任，开展各项公益活动。"国学讲堂""文化讲堂""百家和鸣讲坛"是尼山书院下具有较强社会影响力的公益文化服务品牌，内容涉及传统文化、家庭教育、心理健康等诸多方面。如家庭教育公益讲座就是"文化讲堂"中的一个主题活动，汇聚各路名家学者将文化思想精髓注入千家万户，为枣庄的文化教育事业做出了积极贡献。

枣庄市孔子文化研究会秘书长巨小革主讲的"家庭教育公益讲座"

3. 红色教育常抓不懈

枣庄作为英雄城市，红色教育也是图书馆常抓不懈的阅读推广工作，常利用重大节日开展以红色教育为题材的阅读活动，如2020年12月13日，南京大屠杀死难者国家公祭日，图书馆举行了"听红色故事学朗诵"亲子故事会活动，引导广大青少年儿童铭记历史，珍爱和平，培养他们的爱国情怀。迎接建党100周年之际，枣庄市图书馆走进红色学校——峰城区阴平镇金寺红军小学，举行了分馆揭牌授书仪式及红色故事会校园选拔赛。在分馆揭牌仪式上，市图书馆为红军小学分馆授书1000册，并举办了"传承红色基因·争做华彩少年"第三届全省青少年读书故事会校园选拔赛，通过讲述红色故事，传承英雄精神，抒发对英雄和祖国的热爱。

（四）布局城乡公共文化服务网络，提升阅读推广服务效能

1. 枣庄市图书馆常年坚持"流动书箱百里行"活动，在机关、社区、学校、乡村、部队等设立了一系列图书馆分馆、尼山书院分院、邻里书屋、流动服务站点30余个，年均流通图书期刊3万余册。服务空间的拓展，服务半径的延伸，全面提升了公共图书馆的阅读推广服务效能。

2. 关心老年人、残疾人等社会弱势群体文化服务工作，成立枣庄市老年阅读活动中心，购置了盲文图书和有声读物等，在枣庄市特殊教育学校建立了盲文分馆。

三、结语

公共图书馆肩负着为社会提供公共文化服务、全民阅读、书香城市发展的重任，引领着全市公共文化前进的方向，是一项综合性、长期性的系统文化工程。随着科技水平的迅速发展，阅读推广的道路越来越宽，步伐越来越快，服务的范围越来越广阔。公共图书馆应积极面对当前形势，充分挖掘自身潜力和社会资源，采取多元化的阅读推广创新手段以应对社会多层次、多元化的阅读需求挑战。枣庄市图书馆采用多元化的阅读推广服务策略，以更贴近性的文化服务，有效推进全民阅读和公共文化服务体系建设，为助推枣庄成为新型公共文化强市贡献力量。

案例二 枣庄学院图书馆"第七届大学生读书节"活动选赏

一、活动背景

2021年枣庄学院"第七届大学生读书节",由图书馆和学校团委共同主办,以"读党史、强信念、长才干"为主题,精心策划了"世界读书日"国际公益海报设计展览、"说书人"大赛、"读经典,书感悟"主题征文、微摄影、手抄书、图书馆馆藏资源推介会、"优秀读者"评选等活动,以期通过读书节活动,激发广大师生阅读兴趣,共建书香校园。以下节选三个活动以供参阅。

二、活动选例

(一)2021"世界读书日"国际公益海报设计展览

4月16日,美术与艺术设计学院联合校图书馆、宣传部、校团委、学工处等在枫园前小广场开展枣庄学院第七届读书节"书籍、阅读"——2021"世界读书日"国际公益海报设计展览活动。

本次展览征集到师生海报设计作品100余件,精选其中60件作品参加了展览活动。旨在通过海报的创作设计内涵理念来宣传书籍和阅读的能量,启迪和激发师生提高阅读兴趣。海报展览活动开始前,美术与艺术设计学院学子积极筹备活动所需用品、布置展览场地,以独特易懂的展览形式,展出了一幅幅主题鲜明,内容丰富,感染力强,版面设计精美的海报,吸引了老师和同学们驻足欣赏。

此次海报展览活动旨在扩大"阅读"的影响力,吸引全校师生参与到"阅读"中来。美院学子运用专业能力与图书阅读推广有机结合,提高了专业课程的实践能力,培养了我院学子的艺术创造力,同时通过这次海报展览活动推动读书活动的宣传,对营造书香校园起到了积极的导向作用。

（二）"你选书，我买单"活动和"2021全国教材巡展网上行"线上线下巡展

4月23日，图书馆举办"你选书，我买单"图书推荐活动和"2021全国教材巡展网上行"线上线下巡展活动——第六站枣庄学院站同日同场举行。在举办形式上均采用了线上线下融合进行的模式。对于因场地、时间限制未能参与读书节线下荐购活动的老师和同学，均可通过网上馆配会读者荐购平台参与图书荐购活动；对于未能参与教材巡展线下活动的老师，可通过教材巡展网上行平台免费申请教材样书。

在读书节"你选书，我买单"推荐活动现场，线下参展图书有1500多种，线上有80多万种图书供广大师生荐购。师生们既可通过网上馆配会读者荐购平台进行网上图书推荐，也可以现场挑选荐购，所荐购图书将纳入学校图书馆馆藏。师生们对线上线下融合举办的模式表现出了极大的参与热情，现场气氛积极踊跃，大家对本次活动给予了充分的肯定。师生们纷纷表示，图书推荐活动促进了读者与图书馆的互动，在现场活动结束后大家将继续通过网上馆配会读者荐购平台向图书馆推荐图书。

广大师生在现场积极荐购自己感兴趣的图书

（三）"说书"人大赛

6月2日，由校团委、图书馆、招生就业处主办，文学院团总支、大学生读者协会承办的枣庄学院第二届最美"说书"人大赛决赛暨第七届大学生读书节的闭幕式于综合楼学术报告厅举行。

整个活动分为三个环节进行。在比赛环节，15组参赛选手以"读党史、强信念、长才干"主题内容，讲述革命前辈的英勇事迹，弘扬革命理想信念，通过宣传爱国主义教育以及追寻伟人事迹来定位自己的职业理想。比赛过程井然有序、感人至深。15组参赛选手发挥出色，精彩纷呈。赛后，校团委书记袁俊现宣读了《枣庄学院第七届大学生读书节获奖名单》。最后由现场评委与嘉宾为枣庄学院第二届最美"说书"人大赛获奖选手进行了颁奖。

"说书"人大赛决赛现场

三、结语

整个读书节期间，同学们"读经典，书感悟"，与经典同行，与名家对话，收获了满园的书香。通过此次活动的开展，促进了学生整体文化素养的全面发展，营造了浓厚的书香校园的氛围，突显了图书馆"创新服务，书香育人"的发展理念。

第二节　临沂市图书馆与临沂大学图书馆案例

案例一　临沂市图书馆红色文化阅读推广形式多样——庆祝建党100周年案例节选

一、临沂历史人文简述

临沂有着灿烂的历史文化，是中华文明的重要发祥地之一。是书圣王羲之、智圣诸葛亮的故里。闻名于世的《孙子兵法》《孙膑兵法》竹简在这里出土。抗日与解放战争时期，我党在此先后创建了滨海、鲁中、鲁南革命根据地，刘少奇、陈毅、罗荣桓、徐向前、粟裕等老一辈革命家都曾经在这里战斗指挥，有10万多名革命烈士在这里永垂，涌现出红嫂、沂蒙六姐妹等一大批支前模范和英雄事迹，是中国重要的革命根据地之一，为中国革命做出了巨大贡献。

二、临沂市图书馆红色文化地方文献资源建设

近年来，临沂市图书馆旨在大力弘扬"沂蒙精神"，打造红色文化传承高地。依托沂蒙革命老区丰富的红色文化资源优势，加强临沂地方文献特色馆藏资源建设，2014 年，建成了全国第一个沂蒙红色文献资料馆，馆内收藏各类红色文献资料5000余册，反映不同抗战时期珍贵图片1300余幅，每年接待读者近3万人次，成为临沂市弘扬沂蒙精神、传承红色基因的爱国主义教育基地之一。建立了以红色文化为专题内容的沂蒙红色文献数据库、临沂抗战遗址数据库、沂蒙抗战老兵口述史专题片等数字资源，有效促进了红色文化的研究、弘扬与传承。

三、庆祝建党100周年红色文化阅读推广活动选例

（一）"红色故事绘—党史上的今天"专题阅读推广活动

3月1日，临沂市图书馆特别举办"红色故事绘—党史上的今天"专题阅读推广活动。活动包括《红色故事绘》和《党史上的今天》两个特色栏目。《红色故事绘》以党的100年时间顺序，分为十大篇章，用1000册连环画形式展现党的百年奋斗历程。《党史上的今天》，即日起至2021年底，每天推出一本党史连环画。围绕"党史里的今天"展开红色故事讲述。活动通过线上线下相结合的方式，通过市图书馆微信公众号专题链接、新浪微博头条文章推送以及线下展览互动，到市图书馆读书的读者，可以现场观看专题展览和翻阅专题连环画。

（二）"学红嫂精神 做沂蒙新女性"庆三八妇女节活动

3月5日，图书馆举办"学红嫂精神 做沂蒙新女性"为主题的庆三八妇女节活动。妇女代表岳梦宇等5位同志一一向大家分享了《红色家书》《血染大青山的抗日女英雄》《沂蒙红嫂明德英》等红色故事，通过讲述故事，重温沂蒙红嫂的感人事迹，再现了革命战争年代沂蒙红嫂用青春、热血和生命，所谱写的一曲曲感天动地的奉献之歌，生动体现"爱党爱军、忠诚坚韧、勤劳勇敢、无私奉献"的沂蒙红嫂精神。

（三）开展红色影片联映活动

为庆祝建党100周年，图书馆开展红色影片联映活动活动。从学习党史、学习先烈、学习英模三个方面，选取了《建党伟业》《烈火中永生》《雷锋》《袁隆平》等17部影片，从2月27日持续到7月1日持续联映，与党员群众和广大读者共同重温红色党史、追忆红色岁月、传承红色基因。

（四）少儿红色经典故事会汇活动

为弘扬沂蒙精神，传承红色基因。3月至6月，图书馆举办了少儿红色经典故事汇活动。利用《口述沂蒙抗战史系列纪录片》，分八期，组织广大青少年读者观看。并邀请了临沂市关心下一代工作委员会副主任兼秘书长高明、临沂大学汲广运教授等，对纪录片进行深入解读。例如，高明会长从党

旗飘飘、沂蒙抗战、薪火相传三个方面对纪录片所展示的内容进行了深入解读，揭示了沂蒙精神的实质与弘扬沂蒙精神的重大意义。汲教授为大家解读了大青山突围战，从大青山简介、大青山突围前的形势、大青山突围的过程、大青山突围的意义四个方面展开。

通过看视频、听报告的形式，对少年儿童弘扬沂蒙精神、争做红色传人发挥了积极作用。

高明会长讲述少儿红色经典故事

（五）红色经典剧目歌曲展演

3月31日，由临沂市文化和旅游局主办，临沂市图书馆等单位协办的"红色经典剧目歌曲展演"活动在临沂市图书馆唱响。本次展演由小读者带来的一曲京剧《娄山关》拉开序幕，临沂市戏剧家协会多名优秀艺术家为党员群众生动演绎了京剧《智取威虎山》选段、京剧《红灯记》选段、京剧《红云岗》选段等耳熟能详的红色经典戏剧节目。临沂市文化馆为大家带来了《映红》《党旗更鲜艳》《永远跟你走》等红色歌曲。艺术家们优美的唱腔，精湛的演技，赢得现场观众的阵阵掌声。

本次红色经典剧目歌曲展演精彩热烈，让党员、群众领略了红色经典的艺术魅力，起到了很好的红色文化推广成效。

红色经典剧目歌曲展演

（六）"党史讲堂"第三讲——沂蒙精神的成因与启示

5月21日上午，"党史讲堂"第三讲在临沂市图书馆开讲。本期讲堂特邀请临沂大学汲广运教授作《沂蒙精神的成因与启示》专题讲座。汲广运教授结合自己的理论与实践，以沂蒙精神为主题，从"沂蒙"的由来、沂蒙精神的形成、国家对沂蒙精神的弘扬、沂蒙精神的启示四方面进行了系统的理论阐述和实践分析。报告内容翔实、层次分明、感召力强，对于党员群众深入学习理解、传承弘扬沂蒙精神具有很强的指导作用。

（七）"颂红色经典·庆百年华诞"读书朗诵大赛

4月1日，以"颂红色经典·庆百年华诞"为主题的读书朗诵大赛开赛，来自临沂市各县区的60余位参赛选手展开激烈角逐。选手以朗诵的方式表达了对革命先烈的深情缅怀和崇高敬意，歌颂了中国共产党领导人民艰苦奋斗的丰功伟绩。

四、总结

临沂市图书馆积极发挥红色文化教育基地作用，充分挖掘沂蒙革命老区丰富的红色文化资源，以"弘扬沂蒙精神，传承红色基因"为宗旨，联合协调各方力量，精心组织开展了一批批丰富多彩的红色文化阅读推广活动。活动采用线上线下相结合，通过联展、联映、联讲、联演、联赛等方式，使阅读推广活动更持续、更深入、更细致、更有活力气氛，让读者在文化、文艺、知识的陶冶中，领略了红色文化带来的激情和力量，培养了革命理想，树立了报效祖国的情怀。

案例二　临沂大学图书馆"爱国学者徐广存博士赠书珍藏馆"的推广和利用

一、"爱国学者徐广存博士赠书珍藏馆"概述

1. 名人简介

著名爱国学者徐广存博士，1936年出生于山东临沂，1968年留学法国，1971年获巴黎第七大学文学博士学位，后执教于巴黎第三大学中文系，被聘为教授和系主任。他一生致力于研究和弘扬中国传统文化，积极促进中西文化交流，曾担任孔子讲座主讲人和旅法山东同乡会秘书长。他心系祖国和家乡，为家乡的教育事业出钱出力，赢得了海外华侨和祖国与家乡人民的高度赞誉。2015年徐广存博士病逝于法国，享年80岁。2016年，他夫人秦兰英女士及其四个子女遵照先生遗愿，将其毕生收藏运抵国内，无偿捐赠给家乡临沂大学，以表达先生对祖国和家乡教育的赤子之心。

2. 珍藏馆概况

2018年4月18日，设在临沂大学图书馆五楼，占地200多平方米的"爱国学者徐广存博士赠书珍藏馆"正式揭牌开馆。珍藏馆按徐博士捐赠的6806种

9781册珍贵中外图书、1677件影音资料（录像带、光盘、唱片等）以及若干珍贵实物，分为：图书资料、影音资料、照片资料和实物资料四个模块，即四个特色展柜进行分类编排陈列。图书馆为便于学校科研利用和读者文献查阅，将图书资料进行了编目加工整理，建立了书目数据库，并录入汇文管理系统统一检索借阅，实现开放共享。

二、珍藏馆的推广与利用

目前，珍藏馆已成为临沂大学图书馆的特色馆藏资源之一。为了更好推广和利用该特色资源，图书馆积极开创名人珍藏馆建设新局面，打造阅读推广特色服务品牌，以期书香永继、泽被后学，让徐教授的精神继续在临大发扬光大。

（一）推广与利用活动

1. 通过开展丰富的阅读推广活动宣传珍藏馆

临沂大学图书馆围绕珍藏馆，打造了真人图书馆、读书会、朗诵会、电影放映会等一批阅读推广活动品牌，提高了对名人珍藏馆的宣传力度。如：图书馆在珍藏馆馆区开展了"名人名家行"为主题的系列读书会活动，同学们通过品读名人作品提高自身知行境界；举办的"走进图书馆、沐浴书香"专题活动，组织学校、社会各界参观学习珍藏馆，从而提高了珍藏馆的知名度。

2. 利用珍藏馆资源与对口学院深入合作

徐广存博士的捐赠包含法语、戏曲艺术、国学等方面。图书馆充分利用该特色资源与对口学院合作开展各项阅读推广活动。如利用法语图书资

旅法汉学家徐广存先生

源与外国语学院对接开展法语专
业交流会，达到促进和提高学生
法语专业水平目的，珍藏馆已成
为外国语学院的法语交流基地；
与音乐学院合作共建戏曲文化推
广与开发研究中心，通过建立戏
曲文化数字资源特色库，达到馆
院共建共享和促进对珍藏馆戏曲
文化的挖掘利用；联合文学院，
合作举办"国学大讲堂"等形
式，发挥其国学文化价值。

临沂大学"徐广存赠书珍藏馆"一角

3. 利用珍藏馆数据库资源
融合区域文化共建共享

为方便读者快速查询利用珍藏馆文献信息，以及帮助学校在区域文化研
究领域得到更全面的文化服务和信息保障，图书馆将徐广存博士馆藏资料加
工、整理成特色数据库资源纳入沂蒙作家文库，沂蒙作家文库成为沂蒙区域
文化研究、沟通的重要平台。此外，图书馆借助区域数字资源平台，与临沂
市图书馆、临沂作家协会、各县区文化单位等进行广泛合作，形成区域文化
共建共享的新局面。

（二）示范引领及社会效应

1. 保护珍贵遗存，推动特色馆藏建设

珍藏馆的建成使文化名人的珍贵遗存得到有效的收藏和利用，不仅丰富
了图书馆的馆藏文献，而且提升了图书馆的特色人文环境，对推动图书馆特
色馆藏建设发挥积极作用。

2. 发挥名人效应，体现核心价值

珍藏馆收藏的不仅仅是名人的物质遗产，更是继承名人遗留的精神财
富，需要图书馆去传播和弘扬这种民族精神、家国情怀，求学思想，激励、

教育新一代青年学习名人这种品质精神，提高学习动力，体现出珍藏馆的核心价值。

3. 丰富沂蒙文化内涵

临沂是沂蒙文化的摇篮，这片土地汇聚了众多的沂蒙作家和优秀成果。徐广存教授捐赠的文化遗产为沂蒙文化注入了丰富的文化血液，加深了沂蒙文化内涵品质，助推了沂蒙文化的快速发展。

4. 发挥地方高校图书馆的示范引领作用

地方高校图书馆作为区域文化领域的重要环节，发挥着示范引领作用。临沂大学珍藏馆建设顺应区域文化发展的趋势，打造了地方文化特色，借助于名人效应，将会吸引更多的社会力量加入图书馆地方特色文化建设中。

三、结语

临沂大学图书馆"爱国学者徐广存博士赠书珍藏馆"的建立，承载了徐广存博士对家乡教育事业的厚植与延续，使其捐赠的珍贵遗产发挥出学术与育人的最大价值，产生了良好的社会效应，融合并引领了地方文化的发展，为地方高校图书馆名人珍藏馆的建设、推广、利用积累了经验，提供了参考和思路。

第三节　日照市图书馆与日照职业技术学院图书馆案例

案例一　日照市图书馆开启"城市书房"阅读推广服务新模式

一、日照市城市书房的发展状况

随着我国在全民阅读和公共文化服务领域的不断推进，人们对文化的需求也在快速增长，单纯依赖独立的公共图书馆文化服务显然已不能支撑起当前大众的精神文化追求。近年来，各地各级公共图书馆在政府支持和社会力量参与下，全力构建区域性公共图书馆网络化服务体系，开拓公共阅读空间范围。自2014年温州市"城市书房"模式创建以来，有效解决了公共文化服务的供需矛盾，促进了大众读书学习的热情和社会文化气氛，各地纷纷学习借鉴，城市书房如雨后春笋般在各地建立起来。

日照市坚持把城市书房建设作为文化惠民重要工程来抓，2017年至2020年，先后在全市建成并开放高标准城市书房达24处，形成全市"15分钟阅读文化圈"，极大地方便了市民群众。城市书房启用以来，受到社会各界广泛赞誉和市民拥护，已累计接待读者超过100万人次，"樱花园馆""海洋美学馆""海曲公园馆"等特色城市书房已成"网红打卡地"。城市书房已逐渐成为公共文化服务的"延伸点"，市民文化修身的"汇聚点"，品味城市的"着力点"。

二、日照城市书房的建构特点和运维模式

（一）建构特点

1. 在规划设计上，注重与周边环境、自然风貌与文化需求特色相匹配，按照"一书房一特色"独特理念，提高城市品位，很多城市书房因此成为"网红新地标"。

2. 在书房选址方面，以方便读者为原则，把书房重点建在离市民最近和人群密集的繁华地段，如社区、学校、景区、商业等地，构建"一刻钟公共文化服务圈"，形成网格式空间覆盖。在沿海区域也建设了3处书房，形成旅游观光读书休闲的文旅环境，提升了阳光海岸文化品质。

3. 在室内布局方面，书房面积约在200-500平方米左右，书房阅览座席不少于40个，图书不少于1万册；内部装修舒适明亮、典雅别致，文化气息浓郁，少儿与成人借阅区合理分离，设有各类自助借阅设备，采用现代化、网络化、数字化、自助式的服务方式，提供全天候的图书借阅、自习阅览、阅读推广等服务，为市民营造了温馨舒适阅读环境。

日照城市书房一隅

（二）运维模式

1. 政府牵头多方参与

日照市城市书房建设运营由政府牵头，采取与社区、企事业单位多方参与合作的模式。这24处城市书房中，有社区共建的，如城市书房沙墩社区馆、城市书房枫舍居馆；有国企参与的，如城市书房山东路馆、城市书房樱花园馆；有社会资本参与的，如城市书房文创园馆、城市书房水榭馆。这种模式聚合了社会资源，实现城市书房共建共享。

2. 管理运行

城市书房的运行由市图书馆负责。市图书馆按照总分馆建制管理，以市图书馆为中心馆、各区公共图书馆为总馆、各城市书房为分馆的运行模式，实现与市、区县图书馆一卡通用、通借通还。并与团市委合作，组织成立专门的城市书房志愿者服务队伍，确保城市书房正常运行。

3. 管理制度

为了完善日照市城市书房服务管理的统一性，2018年4月，市图书馆制定了《城市书房服务规范》，对全市城市书房在服务规范、服务资源、服务内容、管理要求、职责、监督与考核等，实行全面规范化管理。

三、城市书房开展的阅读推广活动

城市书房运营以来，以提升公共文化服务效能为着力点，适时策划举办读书沙龙、非遗体验、艺术培训、文创产品展示等特色活动，打造了"城·阅"文化大讲堂、"教子有方"家庭教育公益课堂、"尼山六艺研学""一月一本好书"读书分享会等阅读推广文化品牌，将城市书房与传承日照特色文化相切合，营造了主客共享的文化育人空间，开辟了公共图书馆阅读推广服务新模式。

（一）公益讲座

为打造"书香社区"提高居民文化素养，充分发挥了图书馆的社会教育功能。日照市图书馆在各城市书房相继开展系列公益讲座，内容涉及文化、教育、文学创作、考试培训、养生保健等等，让城市"小书房"，变成市民"大课堂"，讲座受到市民朋友的欢迎，并给予了极高的评价。

金海岸小学牛见玉老师举办的《家庭教育公益讲座》

（二）主题阅读推广

每个城市书房根据自己的风格特色和地段特点，各自开展不同的主题阅读推广活动。如丽阳路城市书房，周边老旧小区多，中老年居民占比高，故推出"养生保健图书专架"，展放以健康养生、医学保健、营养饮食等类的图书，供中老年读者品读。在秦楼分馆，附近新小区、高层楼房多，靠近学校，便推出了"中小学生必读书目"书架，集中摆放教育部推荐的必读书籍；"爱生活"书架，是受女性读者的青睐的装饰类、美容类、服装编织类等图书。

（三）传承传统文化

城市书房与公共图书馆类似，也储备有大量的文学作品以及文献资料，也具有与公共图书馆相似的中华传统文化传承功能。现阶段，城市书房因其管理方便、机动灵活等优点，能够随时随机的开展众多小型读者活动，城市书房逐渐成为公共图书馆之外的另一片阅读推广新天地。如2020年端午假期第一天，"书香粽情·诗颂英雄"端午诗会在东港区海曲公园城市书房举行。来自实验三小和金海岸小学的部分师生先后以朗诵、合唱、舞蹈、独唱等形式，现场表演了《吊屈原》《水调歌头》《这就是日照》等诗词歌赋，让小读者既提高了才艺，又受到了优秀传统文化的熏染。

四、总结

城市书房作为城市公共文化服务体系的创新发展，也是一种新的阅读推广服务模式，为广大市民提供了便捷、高效、舒适、多元化的文化服务。由于城市书房具有开放性较强、灵活方便等特点，有效延伸了图书馆的服务触角，弥补了公共图书馆服务读者从空间、时间上存在的矛盾与不足；众多别具一格的城市书房编织成了城市书网，满足了市民就近阅读和个性化需求，为社区居民提供了丰富的精神食粮和阅读空间，提升了城市的文化品位，涵养了整个社会的精神生活，成为日照市打造精致城市的靓丽风景，市民的心灵港湾。

案例二　日照职业技术学院图书馆阅读推广活动的有效开展

一、案例背景

近年来，日照职业技术学院图书馆积极响应党和国家"全民阅读"号召，积极宣传和践行社会主义核心价值观，弘扬中华优秀传统文化，精心策划组织开展丰富多彩的阅读推广文化活动，形成了浓厚的书香校园文化氛围。以人文素养和"美育+创意"等共享空间为依托，将空间内涵建设与推广全民阅读相结合，构建起一系列阅读推广文化品牌为主体的"活动"+"品牌"阅读推广模式，产生了良好的社会影响。图书馆"行知书苑"获中图学会2018年"发现图书馆阅读推广特色人文空间"三等奖，被中图学会授予"2019年全民阅读先进单位"荣誉称号。

二、书香校园读书月系列文化活动的有效措施

（一）活动参与热情高，内容日益丰富

图书馆自2008年启动"书香校园读书月"系列活动以来延续至今，已成为校园文化知名品牌。这项活动受到学校的高度重视和支持，众多部门、协会等也纷纷参与进来，使得活动组织队伍逐年壮大，活动形式内容也日益丰富，读者参与热情高涨。

（二）活动内容创新求变，注重实效

为避免每年的读书月活动老套雷同，图书馆每年在读书月前进行活动方案论证，经过对上一年活动的梳理，保留受读者欢迎的项目，取消参与人数少、实效性差的活动；同时，在学习借鉴兄弟院校的活动经验基础上，结合自身特点，不断创新变化活动形式。比如，最初读者热衷的图书互换活动，呈现参与热情下降趋势。图书馆结合倡导绿色环保理念，推出了以"图书换绿植·知识再传递"为主题的"图书绿植对对碰"活动，受到读者欢迎，读者可凭自己的一本藏书来图书馆交换一盆绿植，或是用自己的一盆绿植交

换自己中意的一本图书，活动实现了知识地再传递，又美化了校园学习生活空间。

"图书绿植对对碰"活动现场

（三）每年常设的活动项目，存同索异，力求新颖

对于每年开展的经典项目，如果老是旧调重弹，就会索然无味。图书馆在举办这样的活动时，形式上稍做变化，让读者体会到新鲜感。比如，每年的摄影大赛活动，第一届主题是"最美图书馆"，第二届叫"悦读瞬间"，第三届换成"书脸秀"；在经典书目推荐中，辅助以阅读方法专题推荐，引领读者正确读书等。

（四）加强与读者互动交流，充分调动读者主观能动性

为充分调动读者的主观参与热情，图书馆将一些读者被动接受的项目，进行调整。如，将文化讲座调整为"真人图书馆"活动，通过零距离交流沟通的方式，真正激发起读者主观能动性；把数字资源利用培训调整为理论与实践相结合的"数字资源专题阅读推广"系列活动，通过开展数字资源检索比赛、数字资源推介PPT比赛，数字资源利用分享PPT演讲等形式，使读者真正掌握数字资源利用的能力。

（五）结合新媒体技术开展读书月活动

随着新媒体技术的快速发展和应用，给图书馆举办读书月阅读推广活动带来方便的同时，也为活动提供了一些内容和形式上的变化。例如，在开展中华传统文化优秀图书展时，读者只要用手机在展出的图书海报上扫描"二维码"，就能获取图书的电子内容信息，为读者提供了全新的阅读感受；在"书香日职"阅读有奖征文活动中，利用微信群和微信公众平台进行稿件征集和读书心得交流；利用抖音举办的各类短视频大赛活动有声有色；网络云端举办的"中华传统文化百部经典推介"展，其"云观展、云阅读、云识图+趣味信息素养竞赛"活动，给读者带来前所未有的观展体验。

三、阅读推广工作贯穿全年，常抓不懈

为促进全民阅读和书香校园文化，图书馆长期坚持和不懈努力，形成长效机制，贯穿全年开展阅读推广活动。

（一）开展日常阅读推广精品活动，提升读者人文素养

图书馆依托教职工读书协会、大学生阅读协会以及图书馆大学生管委会等团体，定期举办一些精品阅读推广活动，以提升读者人文素养。如："二十一天读书养成"计划，让读者自由选择好喜欢的书籍，每日在群内签到打卡，汇报读书情况；"一人一书分享阅读"活动，读者用PPT课件汇报的方式进行阅读分享展示；还有举办诗词听写大会、猜书名比赛、猜字谜活动、配乐朗诵比赛等活动。

（二）精心设置阅读推广环境

图书馆大厅内精心设置了各类主题展板进行宣传导读，如：纵览天下、深度好文、经典导读、新书通报等。配合学校开展的一些主题活动，在阅览室设置资料专架，面向有心理需求的读者设置的"心理悦读"专架等；书库内一角设置了许愿书架，读者将填写的"许愿书单"粘贴到"许愿书架"上，图书馆汇总后及时将书配送到"许愿书架"上，以满足读者阅读需求；在大厅入口设置图书交换平台，促成师生闲置图书的交换交流；在咖啡休闲

阅览区设置绿色循环书架，倡导个人闲置图书捐赠，实现图书资源的循环利用。

（三）倡导阅读与思考相结合，通过书写增强阅读深度

图书馆在开展阅读活动时倡导读者在阅读的同时边思考边记录，从而增强深阅读深度，读者可通过图书馆推出的微信订阅号"寸得读书"，随时发布读书心得，分享阅读体会，并附有刊文赠书、留言抽奖等阅读互动奖项。

（四）打造阅读推广特色人文空间，助力社区文化服务，

图书馆"行知书苑"自2016年对读者开放服务以来，致力于空间内涵建设，同时积极助力社区文化服务，定期举办阅读类、体验类、节日类、季节类等主题少儿阅读推广活动，深受少儿读者和社区群众欢迎。

（五）图书馆对接全市农家书屋开展志愿服务

为弘扬志愿服务精神，丰富广大农民群众精神文化生活，2019年起，图书馆积极对接书屋建设和管理，为全市近三百名农家书屋管理者进行业务知识培训，并为农家书屋后续的规范建设提供支持，广大教师及社团学生也积极参与到农家书屋建设和服务中。志愿服务对促进农村"全民阅读"活动的跟进和阅读新风尚的形成发挥了积极作用。

四、结语

日照职业技术学院图书馆在阅读推广工作上深耕细作，积极助推全民阅读和书香校园文化建设，创新打造了众多理念新颖、内容丰富、品牌效应较好的阅读推广精品活动，使自己的阅读推广工作走在全省同类院校前列，发挥了示范带动作用，希望图书馆今后坚持不懈、再接再厉，开发出更好的阅读推广活动，取得更加辉煌成绩。

第九章　鲁西南地区阅读推广案例赏析

鲁西南是山东省西南部地区的简称，主要包括济宁市、菏泽二市，该地区人文旅游资源丰富，以儒家文化、水浒文化、运河文化为主要文化特征。

第一节　济宁市图书馆与济宁学院图书馆案例

案例一　济宁市图书馆中华优秀传统文化阅读推广活动

一、济宁市历史人文概述

济宁被誉为"孔孟之乡、礼仪之邦"，有着七千年历史的文化圣地，是华夏文明的重要发祥地之一，孕育了儒家文化、水浒文化、运河文化和灿烂的鲁国文明。这里人杰地灵，物华天宝，诞生了至圣孔子、亚圣孟子、复圣颜子、宗圣曾子、述家孔伋、史家左丘明等众多圣贤；曲阜孔庙、孔府、孔林和境内的京杭大运河被联合国教科文组织列入世界遗产名录，中国的汉碑有一半出土于济宁。博大精深的儒家文化深深影响了中华民族近两千年的文明，现代仍然传承弘扬，并且远播海外，受到世界崇仰和学习。

二、开展中华优秀传统文化阅读推广活动的形式内容

济宁图书馆充分发挥本地区丰富的历史人文资源优势，致力于弘扬中华优秀传统文化，依托尼山书院传承教化的文化阵地功能，利用线上特色数据

库资源平台和线下众多传统文化阅读推广品牌相结合的方式，向大众普及传承优秀传统文化，推动中华文明源远流长。

（一）中华优秀传统文化特色数据库部分简介

1. 贝贝国学教育数据库

数据库分为经典蒙学、传统文化、华夏瑰宝、名人古迹、国学经典、诗词歌赋、科举考试、互动专区共八大版块，采用动画+娱乐+互动的方式进行教学，在可爱卡通人物"贝贝"和"贝乐"的导引下，小朋友们轻松、快乐的学习国学知识。

2. 妙趣手工坊数据库

全库囊括了39大类手工版块，3000余件手工教学视频，不仅有充满童趣的手工制作，还有中国民间手工艺，全库资源能满足各年龄段的手工爱好者学习。

3. 中华历史演义连环画数据库

内设连环画阅览室、连环画无线阅读、中国连环画展览、连环画游戏、连环画视频、连艺芬芳六个板块，中华优秀传统文化等题材的连环画囊括其中，内容丰富多彩，悦人耳目，充分满足读者阅读需求。

（二）围绕尼山书院平台开展的传统文化阅读推广

以尼山书院为平台举办国学专讲座和创新开展少儿阅读推广系列活动，选取2019-2021年开展的部分活动为例。

1. 国学讲堂

国学讲堂是济宁市图书馆传播优秀传统文化的主要品牌栏目，经常邀请专家学者来书院讲授国学文化知识，如《从鲁国大历史看孔子的逆袭人生》《九九重阳话孝亲》《中国古代女子服饰》等公益国学讲座。

济宁市作家杨义堂先生的《从鲁国大历史看孔子的逆袭人生》讲座

2. 尼山诵读

古诗词是中华文化之瑰宝，也是国学文化的重要组成部分，通过古诗词诵读与学习，体味经典与古韵进而弘扬国学文化。如2019年尼山书院举办的"二十四节气主题朗诵会"，以传统节日和二十四节气为朗诵主题，每月一期，专家现场点评，每期评选4名优秀者在图书馆微信公众号上进行展播。该栏目深受广大朗诵爱好者喜爱，目前"尼山诵读"已成为图书馆的品牌活动。

3. "沙画艺术展演与体验"活动

沙画展演是一种前卫高雅的艺术表现形式，是指在白色背景板上现场用沙子作画，并结合音乐通过投影展现在屏幕上。2019年尼山书院创新阅读推广表现形式，将沙画这种崭新的艺术手法注入优秀传统文化的传播中，体现了寓教于乐的文化氛围，让孩子们在增长传统文化知识的同时，也亲身体验到沙画的艺术魅力。

冯晨老师以"七夕节"为主题进行现场沙画表演

4. 新六艺

"新六艺"是尼山书院2018年开辟的栏目，以"公益小课堂"的形式传承优秀传统文化，内容主要包括"武术、琴、棋、书、画"等传统技艺，如2020年"新六艺—冬令营"，2021年"新六艺—中华武术之太极拳文化系列公开课"等，2021年还增加了机器人亲子教育内容，提高了孩子们的动手动脑能力。"新六艺"阅读推广活动为青少年打好人生底色产生积极影响，也体现了公共图书馆的社会文化育人功能，受到了少年儿童和家长们的热烈欢迎。

5. 国学云讲堂

2020年受新冠疫情影响，尼山书院推出了"国学云讲堂"线上系列讲座，让读者继续充实图书馆提供的国学文化知识，如"国学云讲堂—夏日炎炎好读书"等。

（三）儒风讲堂

"儒风讲堂"是济宁图书馆多年来打造的传统文化阅读推广老品牌，每年开设多期，具有很高的读者影响力。该栏目以中国历史为背景，学习并体悟传统文化的魅力，旨在培养青少年具有渊博、智慧、勇敢的品质修养。如2020年11月，济宁市图书馆主办，远方文学承办的"【儒风讲堂】英雄列传·汉—李广"讲座，通过讲述李广将军从军、作战、报国的英勇故事，希望同学们向李广学习，做一个有本领、有智慧、勇敢爱国的栋梁之材。

（四）地方文献推介

为更好地推广济宁地方文献，实现地方文献的利用价值，图书馆让广大读者走进图书馆走近古籍，了解古籍；利用图书馆微信公众号开展"传习经典 融古慧今——中华传统晒书活动"、推出了"地方文献精品推介"版块，定期为读者推送"济宁地方志系列"和"老济宁运河文化"文献。

三、结语

济宁市图书馆充分利用自身承载的历史与文化资源优势，大力传承弘扬中华优秀传统文化，不断增强济宁市的国学氛围，强化以文化人、以人育人功能，打造了学生课堂之外的认知世界和精神殿堂，让更多的少年儿童感悟优秀传统文化的精髓，接受圣贤智慧洗礼，推动中华民族博大精深的传统文化源远流长。

案例二　济宁学院图书馆把古籍文化课堂搬进图书馆

一、案例背景

济宁学院置身于至圣先师孔子的故乡曲阜，有其独特丰茂的古籍文化资源。济宁学院图书馆作为山东省古籍保护先进单位，拥有特藏古籍329种，10658册，其中善本242种，包括各个时代的刻本、抄本、稿本和批校本。特藏室收藏有《四库全书》《古今图书集成》《永乐大典》《四部丛书》《册府元龟》等大部头古代典籍地再版本和一些国内外珍贵的线装古籍版本。

当前，受各种环境、条件等因素影响，许多高校图书馆的特藏资源还处于躺平状态，未能体现其文化价值。为深入推动国学经典著作的传播和利用，发挥出古籍文化的育人功能，济宁学院图书馆依托特藏资源优势，结合学院学科特点，经过不断实践，探索出系列行之有效的推广、传承和服务模式，并取得可喜成绩。其中图书馆参赛案例"古籍文化进课堂——把课堂搬进图书馆"荣获由上海市图书馆学会、国家图书馆出版社主办的"2019阅读推广及服务创新案例征集大赛"一等奖。

二、把古籍文化课堂搬进图书馆，积极开展嵌入式教学

（一）活动初衷和目的

近年来，图书馆秉承习近平总书记"让收藏在禁宫里的文物、陈列在广阔大地上的遗产、书写在古籍里的文字都活起来"的讲话精神，在做好古籍保护工作的基础上，将古籍文献对接学科化教学服务的模式，创新开展"古籍文化进课堂—把课堂搬进图书馆"活动。

把课堂搬进图书馆，将师生置身于古籍特藏空间中，近距离了解和感受古籍文献深厚的文化底蕴。同时借助古籍文献学科化教学服务为引擎，使中华优秀传统文化得到更好的传承与发展。

（二）课堂主要模式和内容

1. 课堂准备工作

课前图书馆通过学科馆员深入院系和专业老师沟通，了解相关专业课程内容后，特藏文献阅览室进行相关古籍文献及资料准备工作；根据教学要求，图书馆布置好课堂环境和配备所需教具，并营造出温馨浓郁的学习氛围；选配出有古典文献学专业背景知识的特藏室馆员担任主讲老师。

2. 主要教学模式和内容

课堂针对专业和学科特点不同，侧重点各异。主要采取"引导、互动、探讨、体验、总结"的教学模式，"理论学习"和"实践探究"相结合的学习方法，通过主讲老师讲授和演示，学生观摩、分组讨论、动手实践等环节完成课堂教学任务，最后同学们把总结感悟反馈给主讲老师，为下一堂课提供改进完善。图书馆还会把学生的优秀总结体会发表到图书馆微信公众平台

和馆报，以此调动学生参与热情。

这种嵌入式课堂教学，截至2019年已开设4个学期，先后在学校《中国古典文献学》《中国历史要籍介绍与选读》《中国古代文学》等课程中分别开设2个学时的专题课堂。这种教学方式深受院系和同学们的欢迎。

3. 案例选赏

2019年4月1日上午，以"走近古籍，穿越书香"为主题的课堂在图书馆宋敏老师和中文系孔德凌老师联合组织下有序展开。近两个小时的课堂实践中，中文系2016级秘书学和2018级汉语言文学专升本班的20名同学，通过阅古籍，体验线装书制作、雕版、活字印刷等内容，深切体验了一次不一样的《古典文献学》课堂。别样的上课环境，丰富的文献资源，新颖的教学方式，合作探究的学习氛围，令同学们兴致满满，皆表示获益良多。

（三）推广创新点

1. 采取"走出去—请进来"的策略，主动将古籍文化推广嵌入到学校教学中，由"小众服务"拓展到"大众普及"，并向专业化、精深化方向延伸。

2. 从推广方式来说，突破传统观展模式，转向全方位的空间再造+资源利用+读者体验的深层次创意服务。

3. 从推广形式来讲，新颖独特，实境教学，互动探究、体验性强、对古籍文化知识了解深层全面等特点。

三、推广活动成效

（一）提高了特藏资源的影响力

课堂的开展吸引了越来越多相关专业和非专业读者的广泛关注，来特藏室参观或学习的人数逐渐增多，古籍利用率得到大幅提升。

（二）增强了民族文化传承意识

课堂效果超出预期，受到师生欢迎，形成院系老师主动前来约课局面。师生反馈，图书馆课堂弥补了院系专业课堂中缺少实物的空泛教学，增加了切身体验，强化了对民族文化的自信和传承意识。

（三）实现了图书馆和读者的"双赢"

通过这种课堂形式提升了专业教学效果，拉近了读者与古籍的距离；而课堂的开展又激发了图书馆服务工作的无限动力。

"走近古籍，穿越书香"古籍体验课堂

四、结语

济宁学院图书馆采用把古籍文化课堂搬进图书馆的推广方式，是充分利用自己的馆藏资源优势，实现馆藏资源利用的最大化。通过这种创新模式，真正让古籍"活起来"，体现其特藏的珍贵价值，达到弘扬和传承中华优秀传统文化的目的，也为同行业高校等图书馆提供了借鉴和启发。

第二节 菏泽市图书馆与菏泽学院图书馆案例

案例一 菏泽市图书馆全民阅读推广让牡丹之都溢满书香

一、菏泽历史人文资源简述

菏泽古称曹州，因有天香国色的牡丹而闻名，誉为"牡丹之都"。这里是华夏民族的发祥地之一，尧、舜、禹等著名氏族部落首领曾活动在这一区域，历史上曾是通往中原的交通要冲和文化中心，曾有"天下之中"的称谓。菏泽历史名人及故事众多，如刘邦登基称帝、孙膑生擒庞涓的"桂陵之战"、黄巢起义、宋江的传说等；这里历史遗迹、非物质遗产丰富，传统文化、民间风俗更是数不胜数，是全国"戏曲之乡""书画之乡""武术之乡"和"民俗之乡"。

二、济宁市图书馆开展的全民阅读推广活动

菏泽市图书馆自2014年以来，不断开拓公共文化为民服务新模式，充分发挥在全市公共图书系统"领头雁"作用，坚持不懈地深入开展全民阅读服务活动，积极营造浓厚的全民阅读书香氛围，让阅读走进基层，贴近群众，让书香飘洒在牡丹之都大地上。近六年来，市图书馆通过举办"阅读+"活动近500场次，惠及读者近10万人，取得丰硕成果和良好的社会影响，被中国图书馆学会评为2015年、2018年全民阅读先进单位，2019年全民阅读示范基地。引领阅读社会新风尚，开创全民阅读新时代，

（一）阅读推广走进基层系列活动选例

1. "牡丹书香"读书会

"牡丹书香"读书会是图书馆的全民阅读推广品牌，通过开展多种形式的阅读活动引领阅读风潮，为公众提供高品质的阅读服务和思考性交流共享平台。如2020年12月10日，"牡丹书香"读书会走进宏健教育时代奥城校区，开展以"阅读丰富梦想·行动决定价值"为主题的阅读分享会；读书会精选《候鸟的勇敢》《借命而生》《寂寞的游戏》等图书供大家阅读，活动中，大家通过自身的阅读体会，以独特的视角和见解交流分享读书心得，活动有20多名阅读爱好者参加。为庆祝中国共产党成立100周年，2021年7月15日，"牡丹书香"读书会走进菏泽市武警支队，举办以《红色的起点——中国共产党诞生纪实》为主题的党史专场交流会；活动中，官兵们用朴素平实的语言，表达了对党和人民的赤胆忠诚，畅谈了自己读书的所思所想；市图书馆陈百华老师从如何选书、怎样读书、如何交流等几方面，分享了自己日常的读书方法，对武警官兵树立正确的阅读观、提高军人的人文素养方面有

很大的启发，获得了官兵们的一致好评。

2. 智慧阅读交流坊

也是图书馆近年来创建的全民阅读推广品牌，旨在利用自身优势，为公众提供高品质的阅读服务和智力支持，形成行业联动、社会互动、立体推广的全民阅读新风尚。如为繁荣菏泽社区文化事业，2020年12月11日，市图书馆走进开发区佃户屯街道办事处长安社区，开展"智慧阅读交流坊——文化扶贫惠民"主题活动，为长安社区居民送来"精神食粮"；本次活动，市图书馆将馆藏优秀图书提供给居民阅览，并开展优秀文化进社区活动和精彩人生故事演讲，让社区居民在阅读与交流中增长知识收获快乐。12月22日，智慧阅读交流坊走进企业开展"读书学习 梦想成真"为主题的全民阅读推广活动，旨在全市企业中营造良好的、深厚的学习氛围，推动职工队伍整体素质提高。

3. "行走书香菏泽"

是图书馆开展的全民阅读推广图书流动服务品牌活动。如，为进一步增强全民阅读活动的社会氛围，在第26个"世界读书日"之际，菏泽市图书馆流动服务车先后来到银座商城、佳和广场，为市民送去图书400余册，内容涵盖中外名著、人物传记、卫生保健、绘本图书等。活动中免费为广大市民现场办理读者证，发放《文明旅游》宣传手册，使市民在闲暇之余也能享受到贴心的阅读服务，引领了全民阅读社会新风尚。

（二）"关心下一代教育"全民阅读推广活动

近年来，菏泽市图书馆始终把关心下一代教育工作作为全民阅读推广的核心和常规任务来抓，努力把图书馆打造成为少年儿童的第二课堂；针对少年儿童身心发展特点，开展了以普通阅读类、体验阅读类为主要形式的阅读推广活动，助推少年儿童素质教育全面发展。2018年市图书馆被山东省关工委授予"山东省关心下一代教育基地"称号。

1. 普通阅读类

"阅读越快乐"和"小陶子故事会"是图书馆常年开展的两个主要阅读

推广栏目。"阅读越快乐"从2014年启动至2021年已举办了34期，"小陶子故事会"从2015年开始至2021年共举办了53期，都是针对少年儿童群体开展的公益性阅读栏目，已形成图书馆全民阅读活动老品牌。"阅读越快乐"主要以开发和启蒙幼儿智力为目的的亲子教育活动，常以传统风俗节日为主题用绘本形式激发孩子的阅读兴趣。"小陶子故事会"通常由主讲老师讲完小故事

"牡丹书香"读书会走进菏泽市武警支队

"智慧阅读交流坊"社区活动现场

后，让小朋友们演绎故事中的角色或由小朋友们交流自己的感想与体会，目的就是让孩子们从故事蕴含的意义中得到启发和成长，从而爱上阅读，享受阅读带来的快乐。

2. 体验阅读类

常年举办的有"亲子剪纸活动""图书跳蚤市场"活动和"小小图书管理员"服务体验活动。其中"亲子剪纸活动"是最受读者喜爱的阅读推广活动，每次活动都堪称"人满为患"，该活动自2006年开设到2020年共举办了39期，邀请过好几位非物质文化遗产曹州剪纸传承人前来传授技艺，如葛秀

英、郭红、刘爱华等老师，让孩子们领略到中华传统艺术的魅力，又体验到自己动手创作带来的乐趣。

（三）非物质文化遗产方面的阅读推广活动

菏泽市是一个非物质文化遗产比较密集的地区，是菏泽市图书馆发挥当地非遗资源优势开展全民阅读推广活动的亮点，进而使中华优秀传统技艺得到传承和弘扬。

尼山书院定期面向广大市民开展中华传统技艺体验课，如"剪纸艺术""书法艺术""粮画制作技艺""古筝技艺""陶瓷艺术""面塑技艺"等；国学诵读班经常举办国学经典诵读比赛，播放国学视频进行传统文化教育等，受到良好的阅读推广成效。2017年，图书馆推出了"曹州非遗大讲堂"专栏，成为菏泽市牡丹文化旅游节的一个文化宣讲项目，推广内容涵盖两夹弦、成武黑陶、大洪拳、东明粮画等的传承与发展，主讲嘉宾是邀请全市非遗项目研究专家或非遗传承人，通过对非遗项目深入讲解，使菏泽悠久的历史和丰厚的文化遗产得以远播，推广活动受到社会大众的广泛赞誉。

三、结语

菏泽市图书馆充分发挥"全民阅读示范基地"作用和服务育人职能，通过坚持不懈地深入开展全民阅读推广活动，引领了全民阅读的良好风尚，培育了青少年一代茁壮成长；让阅读推广走进基层，贴近群众，为菏泽市的全民素质教育和文化事业发展提供了强有力的支持；积极调动社会资源优势，将菏泽大地上的优秀传统文化发扬光大，让丰泽灵秀的牡丹之都更加芬芳。

案例二　菏泽学院图书馆大学生读者协会在阅读推广中的引领作用

一、案例背景

随着近年来高校图书馆阅读推广活动的逐渐升温和力度的加大，大学生读者协会在高校图书馆阅读推广活动中的地位和作用日渐突出，成为活跃在高校图书馆的一支生力军和图书馆与读者之间的沟通桥梁，并在阅读推广活动中发挥着积极的示范引领作用。菏泽学院图书馆大学生读者协会在阅读推广中协助图书馆老师做好宣传工作和举办一系列阅读活动，有效激发了新学生们的读书热情，提高了图书馆的影响力，有力推动了阅读推广工作的延伸和普及。

二、大学生读者协会每年的纳新工作

为保障大学生读者协会的持续发展和新老更替，每年都需要补充和纳入大量新会员。在每年的学校社团纳新期间，大学生读者协会参加由社团联合会举办的百团纳新暨社团文化节活动，开展纳新宣传，为协会发展积聚力量。

图书馆门口、餐厅前的小广场、雅苑广场等人流量较大的地方都是会员们的宣传阵地，读者协会代表还会深入到各个学院加强宣传工作。会员同学们以极大的热情为前来咨询的新生进行耐心细致的讲解，用照片和视频等形式向新生展示往年协会举办的各类精彩活动，使新学生对图书馆有了整体认识，对协会的组织结构、职责与任务有了详细了解。为了吸引新生眼球，协会在咨询台上摆放丰厚的奖品，还有精心策划的游戏等，活动的参与率很高。在协会同学们的不懈努力下，很快就有数百名新生报名加入，如2018年纳新会员达400余人，充实壮大了读者协会队伍，使大学生读者协会内部人员组织分工更加细化，有力推动了读者协会各项工作的开展。

三、读者协会在图书馆阅读推广中的作用

（一）为阅读推广活动提供决策帮助

在读者协会中，包括了学校多个院系年级、多种专业、多种性格特质、多种阅读兴趣的学生。他们组合在一起，实质上成为高校的"浓缩体"，在很大程度上也代表着全体同学的利益，他们了解学生的阅读心理、阅读需求和阅读规律，并在图书馆与读者之间搭建起了沟通与交流的桥梁。图书馆在

开展各种形式的阅读推广活动时，会依据读者协会征集、座谈或调研到的读者信息需求，实施有针对性的阅读推广活动方案与策略，从而获得理想的推广效果。

（二）读者协会成为图书馆阅读推广的得力助手

菏泽学院图书馆的大学生读者协会，组织机构严密、分工细致，按照阅读推广活动的工作任务、阅读形式、推广环节等设置，有1名学生担任协会会长，2名副会长，秘书处长1人，副秘书处长1人，还设有8个分部的正副部长，组成了一个有20多人的骨干团队。他们责任明确，相互配合，携手合作，不断创新，成为图书馆阅读推广工作的得力助手，发挥着生力军作用。

四、读者协会引领开展的阅读推广活动列举

（一）创办重华学堂开展经典诵读活动

为营造图书馆欣欣向荣的读书育人环境，重拾菏泽"重华书院"的历史文化记忆，赓续传承中华优秀传统文化，读者协会以此为载体在图书馆创办了"重华学堂"。创办以来读者协会协助图书馆举办了"21天养成阅读习惯训练营"，引领学生们咏读国学经典、唱诵百年经典、"春之声"古典诗词朗诵大赛等多期活动。重华学堂的创办，对提升菏泽学院大学生的国学文化素养，发挥了积极引领作用。

（二）"爱与责任同行"抗疫宣传征文活动

为了宣扬和传播伟大的抗疫精神，引导学生增强家国情怀和责任担当意识。2020年4月，菏泽学院图书馆和大学生读者协会联合举办"爱与责任同行"抗疫宣传征文活动。经过半个月的线上征集，共收到作品近50篇。经过评委们线上审阅，最终选出11篇优秀作品。读者协会征得作者同意后，将优秀作品发布在图书馆的微信公众号平台，分享给更多读者，让更多人去深刻体会祖国的强大、民族的团结，感受抗疫英雄们忘我的无私奉献精神。

（三）读者协会举办迎新晚会交流读书心得

为了促进新会员更好地融入读者协会大家庭，熟悉和了解协会，图书馆在元旦来临之前在馆报告厅举办了读者协会迎新晚会。为了让新会员感受到协会中浓厚的读书氛围，老会员提前对报告厅做了精心布置和装扮，让新会员们走进报告厅就感受到浓厚的书香气息。晚会以读书交流的形式展开，老会员带头轮流上台饱含深情地讲述自己的读书阅历，表达对读书的感悟和理解，大家在一起共同分享读书的乐趣和收获，新会员们被读者协会浓浓的读书气氛深深感染。

五、结语

在菏泽学院图书馆老师和协会同学们的共同努力下，阅读推广活动越办越红火，大学生读者协会已成为菏泽学院最有影响力的社团，读者协会同学们的努力工作拉近了学生们与图书馆的距离，引领了学生们的读书热情，滋养了大学生文化素质和心灵，为书香校园建设做出了积极贡献。

参考文献

图书

[1] 王以俭，廖晓飞主编. 地方文献与阅读推广[M]. 北京：朝华出版社，2020. 02.

[2] 王波. 阅读疗法[M]. 北京：海洋出版社，2007. 06.

[3] 王波等著. 中外图书馆阅读推广活动研究[M]. 北京：海洋出版社，2017. 11.

[4] 赵大志编著. 地方文献建设研究[M]. 成都：西南交通大学出版社，2012. 11.

[5] 杨敏著. 图书阅读推广文化探析[M]. 合肥：合肥工业大学出版社，2019. 08.

[6] 冯晴君著. 现代图书馆地方文献工作理论与实践[M]. 北京：中央文献出版社，2008. 09.

[7] 王云洪主编；刘先花，苏建英副主编. 高校图书馆阅读推广理论与实践[M]. 天津市：天津科学技术出版社，2017. 06.

[8] 裴永刚著；李珮主编. 媒介融合时代的阅读推广活动研究[M]. 北京：中国广播电视出版社，2017. 04.

[9] 张青. 全民阅读推广与图书馆事业研究[M]. 成都：四川大学出版社，2017. 06.

[10] 王京生，徐雁主编. 书香社会 全民阅读导论[M]. 深圳：海天出版社，2017. 04.

[11]] 蔡迎春，金欢主编；中国图书馆学会阅读推广委员会编. 图书馆阅读推广案例赏析[M]. 北京：国家图书馆出版社，2019. 04.

[12] 刘纪刚著. 高校图书馆阅读推广理论与实践[M]. 北京：九州出版社，2019. 06.

[13] 徐雁著. 校园书香阅读文书来话长[M]. 郑州：郑州大学出版社，2015. 07.

[14] 周秀玲著. 大数据环境下高校图书馆阅读推广创新模式研究[M]. 天津：天津科学技术出版社，2018. 04.

[15] 刘玲，齐诚，马楠著. 互联网+时代图书馆跨界融合研究[M]. 北京：经济日报出版社，2018. 01.

[16] 朱小梅，王丽丽著. 通识教育与阅读推广[M]. 北京：朝华出版社，2019. 12.

[17] 陶俊著. 信息管理学科竞争力与结构改革[M]. 北京：中国社会科学出版社，2019. 01.

[18] 肖明著. 图书馆学情报学知识图谱研究 理论、方法与应用[M]. 北京：中国书籍出版社，2017. 05.

[19] 方文著. 现代图书馆学研究概论[M]. 北京：中国纺织出版社，2019. 01.

[20] 《图书情报工作》杂志社编. 阅读推广的进展与创新[M]. 北京：海洋出版社，2018. 04.

[21] 冀颖，陈秀英，张宝泉著. 地方高校图书馆文化建设 [M]. 北京：中国经济出版社，2020. 09.

[22] 王新才，黄鹏，王媛等编. 阅读推广人系列教材（第二辑）：大学图书馆阅读推广 [M]. 北京：朝华出版社，2017. 06.

[23] 毕洪秋，王政著. 阅读推广人系列教材（第四辑）：真人图书馆与阅读推广 [M]. 北京：朝华出版社，2020. 05.

[24] 王余光，霍瑞娟编著. 图书馆阅读推广基础理论 [M]. 北京：朝华出

版社，2015.12.

[25] 杨学龙著. 中国特色社会主义 制度自信研究 [M]. 北京：人民出版社，2018.06.

[26] 王晓江主编. 传统文化国学经典导读[M]. 长春：吉林大学出版社，2011.08.

[27] 清华大学人文学院《中华发展模式》研究专项编委会主编. 中华优秀传统文化与当今基层建设发展 [M]. 北京：清华大学出版社，2018.07.

[28] 何乐士著. 碎金集拾 何乐士古汉语著译文稿 [M]. 北京：商务印书馆，2010.01.

[29] 传统文化研究 [M]. 苏州：苏州大学出版社，2020.08.

[30] 鲁学军著. 中华优秀传统文化入门 第2版 [M]. 上海：复旦大学出版社，2018.03.

[31] 李洪亮著. 大学生母语素质教育及提升研究 [M]. 济南：山东大学出版社，2018.12.

[32] 余党绪著. 祛魅与祛蔽 批判性思维与中学语文思辨读写[M]. 北京：中国人民大学出版社，2016.08.

[33] 桑恒昌著. 桑恒昌怀亲诗集[M]. 北京：中国文联出版社，1999.

[34] 桑恒昌著. 听听岁月[M]. 北京：中国文联出版社，2003.03.

[35] 桑恒昌，高艳国著. 桑恒昌·高艳国抒情诗选[M]. 武汉：长江文艺出版社，2015.01.

[36] 王海辉著. 公共图书馆儿童阅读推广研究 [M]. 延吉：延边大学出版社，2019.05.

[37] 中华人民共和国文化和旅游部编. 2017中国文化年鉴 [M]. 北京：国家图书馆出版社，2018.07.

[38] 陈维著. 数字图书馆特色资源共享与服务研究[M]. 杭州：浙江工商大学出版社，2015.09.

[39] 杨琳著. 高校图书馆管理与阅读服务模式创新[M]. 长春：吉林人民出版社，2019.06.

[40] 梁玉芳著. 经典阅读旨要[M]. 大连：大连理工大学出版社，2018.10.

[41] 李树兴，冯安主编. 碧空宏桥[M]. 济南：黄河出版社，2003.04.

[42] 詹庆东著. 大学城图书馆联盟建设新模式研究[M]. 北京：海洋出版社，2016.06.

[43] 丁凤云编著. 文化的力量 大宣传理念与沂蒙精神实践性探索[M]. 济南：山东人民出版社，2014.06.

[44] 曹学艳，张晓东编著. 全媒体环境下的信息资源建设导论[M]. 成都：电子科技大学出版社，2017.01

[45] 杨保筠主编. 华侨华人百科全书（人物卷）[M]. 北京：中国华侨出版社，2001.02.

[46] 莫砺锋等著. 千年凤凰 浴火重生:中国古代文学艺术与现代社会[M]. 南京：江苏人民出版社，2018.01.

[47] 张志良著. 沙画中小学美术教学研究[M]. 合肥：安徽文艺出版社，2020.06.

[48] 国家文物局编. 学习习近平总书记文物保护重要论述体会汇编[M]. 北京：文物出版社，2016.03.

[49] 曾招喜主编. 好客山东导游词[M]. 北京：中国旅游出版社，2009.01.

[50] 钟新春，赵世华，丁立平主编. 信息服务发展创新[M]. 北京：北京邮电大学出版社，2016.06.

[51] 胡明. 党的十九大精神研究专辑[M]. 北京：中国政法大学出版社，2018.08.

[52] 余党绪. 祛魅与祛蔽 批判性思维与中学语文思辨读写[M]. 北京：中国人民大学出版社，2016.08.

[53] 中国图书馆学会，国家图书馆. 中国图书馆年鉴2018[M]. 北京：国家图书馆出版社，2019.08.

[54] 美丽中国编辑部. 美丽中国高铁游[M]. 北京：中国旅游出版社，
      2018. 09.

[55] 崔建林. 中国地理常识千讲[M]. 长春：吉林大学出版社，2010. 10.

[56] 陈长春. 中国最美的度假天堂TOP100 畅销升级版[M]. 杭州：浙江科
      学技术出版社，2012. 06.

期刊

[1] 崔玉珍，任延安. 习近平新时代中国特色社会主义思想研究实力情
    况分析——基于CiteSpace文献计量的统计分析[J]. 德州学院学报，
    2020，36（05）.

[2] 王强，张玫玫. 基于文献计量的济南城市地域文化研究可视化分析[J].
    山东农业工程学院学报，2021，（第11期）：28-32.

[3] 张真. 艺术文献阅读推广创新与实践——以中国美术学院图书馆为例
    [J]. 美术教育研究，2022，（09）:66-69.

[4] 李秀东. 世界读书日背景下图书馆阅读推广服务研究[J]. 江苏科技信
    息，2020，（第27期）：17-19.

[5] 龙军. 公共文化服务均等化视角下的图书馆全民阅读推广策略探究[J].
    大学图书情报学刊，2020，38（3）:66-72.

[6] 张化冰. 全球化背景下的北京全民阅读产业发展状况[J]. 新阅读，
    2019，（第8期）：30-35.

[7] 刘锐. 地方文献的收集整理与利用[J]. 黑龙江史志，2015（11）:60-
    60.

[8] 徐亚男. 庆祝中国共产党成立100周年——中国社会科学情报事业回
    顾与展望（2021年度学术年会）纪要[J]. 情报资料工作，2022，43
    （01）:110-112.

[9] 裴永刚. 阅读推广法律政策的现状、问题及建议[J]. 出版业（人大复
    印），2015，（第10期）：18-21.

[10] 段艳文，范珈硕，高存玲. 中国期刊与新冠肺炎防疫抗疫专题报道[J]. 出版广角，2022，（01）:11–17.

[11] 张国功，王苗. 于变局中开新局的全民阅读[J]. 出版广角，2022，（01）:32–37.

[12] 杨雪梅. 基于在校大学生课外阅读情况的阅读推广策略分析[J]. 文化产业，2022，（05）:157–159.

[13] 张婷，李馨，么雅慧，范睿琦，董维. 基于5W1H分析法的高校图书馆阅读推广分析[J]. 中华医学图书情报杂志，2021，（第6期）：58–64.

[14] 刘旭青，刘培旺，柯平，等. 面向全民阅读的公共图书馆阅读推广评估标准研究[J]. 国家图书馆学刊，2021，30（5）:47–55.

[15] 高锡荣，杨娜. 基于社会网络分析方法的论文评价指标体系构建[J]. 情报科学，2017，35（04）:97–102+144.

[16]] 孙琼. 大学图书馆与公共图书馆共建共享方式下的全民阅读推广[J]. 兰台世界，2018，（第3期）：108–111.

[17] 张欣，刘芸. 高校图书馆阅读推广——以宁夏大学为例[J]. 内蒙古科技与经济，2019（24）:125–126.

[18] 陶姗. 图书馆移动阅读服务推广实践——以医学图书馆为例[J]. 创新科技，2017（4）:82–84.

[19] 严珊. 基于共词与社会网络分析的图书馆大数据现状研究[J]. 图书馆研究与工作，2018（05）:15–20.

[20] 魏慧. 高等院校图书馆社会化服务的实施可行性初探[J]. 现代交际，2020，（第17期）：196–198.

[21] 梅鹏飞，何晓萍. 国外教育大数据研究的可视化分析[J]. 中国教育信息化（高教职教），2018（2）:11–17.

[22] 冯杰. 聂震宁：阅读是关乎党和国家事业发展的大事[J]. 国际人才交流，2021（04）：21–23.

[23] 陈红. 全民阅读契合徐州城市发展战略研究[J]. 科教导刊（电子

版），2020，（第33期）：270–271.

[24] 李睿. 国内高校图书馆阅读推广研究综述[J]. 图书馆学刊，2016，（第7期）：110–113.

[25] 罗瑾琏，管建世，钟竞，赵莉. 组织双元研究趋势与热点领域分析——科学知识图谱视角[J]. 科技进步与对策，2017，（第10期）：147–153.

[26] 吴凤鸣，院金谒. 全民健身和全民阅读的互学互鉴[J]. 新阅读，2020，（第9期）：16–20.

[27] 叶杨晖. 福建省图书馆正谊书院读者服务情况调查与分析[J]. 福建图书馆理论与实践，2017，38（4）:10–12.

[28] 滕玉石. 大数据环境下高校图书馆数字阅读推广策略[J]. 图书馆学刊，2019，（第9期）：88–93.

[29] 李晓宁. 全民阅读背景下公共图书馆地方文献的阅读推广[J]. 图书馆研究，2016，（第2期）：83–86.

[30] 李杨，陆和建. 全民阅读背景下城市阅读空间馆店融合发展研究——以合肥市为例[J]. 国家图书馆学刊，2019，（第2期）：59–66.

[31]] 朱清霞. 基于文献计量的地方文献科研状况分析[J]. 科技情报开发与经济，2013，（第17期）：152–155.

[32] 黄莺. 社会力量参与公共图书馆建设的实践与思考 ——以上海市嘉定区公共图书馆为例[J]. 图书馆工作与研究，2019，（第4期）：79–83，101.

[33] 季桂起. 德州地域文化研究刍议[J]. 德州学院学报，2010，26（3）:68–71.

[34] 许立成，任延安. 论高校图书馆在地域文化推广中的作用–以德州学院图书馆为例[J]. 图书情报研究，2020（1）:52–57.

[35] 刘新生，陈鹏哲，许立成. 德州地域文化阅读推广的实践与探索[J]. 新西部（下旬刊），2020（6）:48–49.

[36] 迟铎，白玉林. 《十三经辞典》的编纂历程[J]. 辞书研究，2015
（3）:1-5.

[37] 风月. 德州文学创作综述[J]. 时代文学，2011（3）:5-6.

[38] 翟兴娥. 论桑恒昌的怀亲诗[J]. 中国诗歌，2019（3）:166-180.

[39] 董凤桂. 运河文化区域性课程资源探微[J]. 天津教育，2018，
（11）:48-49.

[40] 柯平. 公共图书馆的使命——《公共图书馆宣言》在公共图书馆事业
发展中的价值[J]. 图书馆建设，2019，（06）:13-19.

[41] 朱立红. 高校图书馆经典阅读推广探析——以华中师范大学图书馆为
例[J]. 河北科技图苑，2017，30（05）:60-63.

[42] 岑泽丽. 传统文化教育在大学语文教学中的传承与创新——以中国四
大名著为例[J]. 牡丹江教育学院学报，2018，（02）:51-53.

[43] 谭映月，王彦兵，崔英杰. 真人图书馆助力高校泰山挑山工精神传承
的分析与建议[J]. 南方论刊，2020，（11）:82-84.

[44] 颜斌，张蓓，孟岳松. 高校图书馆阅读推广模式研究[J]. 大陆桥视
野，2016（18）:226-227.

[45] 吴伟，张咏梅，曹艺. 公共图书馆茶文化阅读推广探究——以济南泉
茶文化推广为例[J]. 山东图书馆学刊，2020（2）:71-75，85.

[46] 吕洪鑫，翟凌飞，唐泽华，等. 济南市泉水茶文化发展前景研究[J].
人文之友，2019（21）:42-43.

[47] 李煜，王波. 网络时代信息碎片化对高校学生的影响研究[J]. 科技资
讯，2020，18（12）:21-22.

[48] 李鹏. 碎片阅读情景下高校图书馆阅读推广案例研究——以山东
大学图书馆"一本书的旅行"为例[J]. 内蒙古科技与经济，2018
（18）:145-147.

[49] 刘惠. 面向交互式阅读疗法的高校图书馆知识服务[J]. 河南图书馆学
刊，2018，38（11）:35-37.

[50] 王梅. "交互式阅读疗法"的实践尝试与趋势研究——以山东理工大学图书馆阅读推广工作为例[J]. 高校图书馆工作，2017（3）:23-26.

[51] 聂金梅，王国强. 图书馆读者活动品牌创新与可持续发展——潍坊市图书馆阅读推广案例分享[J]. 河南图书馆学刊，2020，40（1）:85-87.

[52] 郭海明. 高校图书馆经典阅读的推广策略与方式[J]. 潍坊学院学报，2017，17（4）:110-113.

[53] 吴彩凤. 高校图书馆经典阅读推广策略研究[J]. 潍坊工程职业学院学报，2017，30（3）:31-34.

[54] 赵燕. 潍坊市文化产业与旅游产业融合发展SWOT分析[J]. 锋绘，2019（4）:274-275.

[55] 李棠，康光明. 文旅融合下泰山文化与泰山旅游品牌建设研究[J]. 兰州教育学院学报，2019，35（7）:110-113.

[56] 郑小双. 谈小学美术剪纸教学如何具有地方特色[J]. 魅力中国，2020（29）:89.

[57] 苗秀义，王冰，李爱云. 开发运河文化 突出地域特色–德州市积极做好运河文化开发和保护工作[J]. 山东档案，2012（4）:64-66.

[58] 李爱军，崔云. 高校图书馆阅读推广工作实践与探讨[J]. 内蒙古科技与经济，2019（6）:103-104.

[59] 乔福坤. 公共图书馆阅读推广工作中的"读书节"模式实践——以青岛市图书馆2018读书节为例[J]. 卷宗，2018（22）:20.

[60] 谷慧宇. 基于图书馆联盟的全民阅读服务平台构建研究 ——以烟台市全民阅读联盟为例[J]. 河南图书馆学刊，2021，41（11）:117-119.

[61] 刘哲，郭宁. 借助外力深化高校图书馆阅读推广工作的实践[J]. 内蒙古科技与经济，2019（9）:152-153.

[62] 高雄. 公共图书馆少儿阅读推广的实践与探索——以漯河市图书馆少儿阅读推广为例[J]. 山东图书馆学刊，2016（2）:71-75.

[63] 黄梅珍. "互联网+教育"视域下高校图书馆阅读推广模式研究——以百色学院为例[J]. 西部素质教育，2022，8（03）:162-164.

[64] 王爱荣. 关于公共图书馆开展阅读推广服务工作的思考[J]. 环球市场，2020（1）:221.

[65] 唐雅琳，王克修. "让书写在古籍里的文字活起来"的经验和启示[J]. 湖南行政学院学报，2020（5）:126-132.

[66] 刘敏，赵国强. 高校图书馆古籍阅读推广实践与思考——以聊城大学图书馆为例[J]. 图书情报研究，2020（1）:46-51.

[67] 罗静. 全民阅读背景下建设"书香聊城"的实践与思考[J]. 传媒论坛，2022，5（03）:109-111.

[68] 李晓旭. 基于5W传播模式的公共图书馆阅读推广研究——以滨州市图书馆为例[J]. 图书情报，2019（9）:173-174.

[69] 顾雪霏. 老渤海精神的价值内涵及教育路径探析[J]. 现代职业教育，2020（5）:10-11.

[70] 杨爱国，巩葵花. 地方高校图书馆地方文献工作的实践与思考——以滨州学院图书馆为例[J]. 河南图书馆学刊，2017，37（2）:38-39.

[71] 韩冰. 全媒体时代公共图书馆阅读推广服务发展的几点思考——以东营市图书馆阅读推广为例[J]. 河南图书馆学刊，2020，40（10）:40-41.

[72] 徐艳玲，张琪如. 全球化视域下中国文化自信的深层意蕴[J]. 传媒，2017，（16）:77-81.

[73] 牛伏利. 公共图书馆全媒体阅读推广服务探究[J]. 科学与信息化，2021（14）:189，191.

[74] 刘凡霆. 关于地市级公共图书馆拓展文旅融合服务空间的思考——以枣庄市图书馆为例[J]. 人文天下，2019（15）:44-48.

[75] 石运礼. 基于地域文化的城市性格发掘与阐释——以山东省临沂市为例[J]. 环球市场信息导报，2015（2）:25-29.

[76] 王东，孙宗伟. 图书馆馆藏红色文献建设与服务途径创新研究——以临沂市图书馆为例[J]. 山东图书馆学刊，2020（6）:38-41，51.

[77] 陈晋，陈颂，梁欣悦. 我国红色文献资源研究综述[J]. 新世纪图书馆，2022，（03）:90-97.

[78] 李青，冯子木，曹如国. 名人珍藏馆的建设、开发、推广和利用——以临沂大学图书馆"爱国学者徐广存博士赠书珍藏馆"为例[J]. 山东图书馆学刊，2018（6）:47-50.

[79] 肖芙蓉. 书香城市 精致生活——山东省日照市城市书房建设漫谈[J]. 城乡建设，2021，（22）:92-94.

[80] 井东燕，田原. 医学院校文化育人嵌入经典阅读推广创新实践策略——以济宁医学院图书馆为例[J]. 医学教育研究与实践，2021，29（2）:249-254.

[81] 刘娟. 读者协会参与高校图书馆阅读推广工作的功能探析[J]. 现代经济信息，2016，（13）:107.

[82] 张正. 媒体环境下的阅读推广两维闭环模式研究[J]. 图书馆学刊，2021，43（04）:24-30.

[83] 宋敏. 高校图书馆特藏资源文化传承与服务创新——以济宁学院图书馆为例[J]. 济宁学院学报，2019，40（5）:104-108.

[84] 黄启素. 地级市公共图书馆开展少儿阅读活动的实践与思考——以菏泽市图书馆为例[J]. 卷宗，2018，8（34）:44-45.

[85] 戴梦雅. 中华优秀传统文化融入高校思政教育摭探[J]. 成才之路，2021，（30）:34-35.

[86] 秦羽，陈磊. 浅谈图书馆尼山书院服务中的现状、问题以及应对措施——以菏泽市图书馆为例[J]. 中文信息，2019（9）:66.

[87] 刘伟，李飞. 优秀传统文化在研学活动中的传承与发展——以山东传

统文化资源为例[J]. 济南职业学院学报，2019，（04）:51–52+101.

[88] 马爱玲. 大学生读者协会在大一新生阅读推广中的引领作用[J]. 办公室业务，2019（7）:35.

报纸

[1] 李婧璇，张君成，徐平. "四化"助推全民阅读高质量发展[N]. 中国新闻出版广电报. 2021. 04. 23.

[2] 陈莹. 六入《政府工作报告》"全民阅读"仍在路上[N]. 中国出版传媒商报. 2019. 03. 22.

[3] 让中华大地充盈书香[N]. 湛江日报. 2021. 04. 29.

[4] 世界读书日，阅读是最浪漫的教养[N]. 盐都日报. 2019. 04. 23.

[5] 最是书香能致远[N]. 张家界日报. 2021. 04. 24.

[6] 王京生. 全民阅读与学习型城市建设[N]. 中国文化报. 2021. 04. 19.

[7] 徐升国. 全民阅读迎来春天[N]. 光明日报，2017. 09. 25.

[8] 全民阅读，如何走入人心？[N]. 丽水日报. 2014. 07. 21.

[9] "倡导全民阅读"首入政府工作报告[N]. 社科新书目. 2014. 12. 29.

[10] 李永利. 发挥公共图书馆主阵地作用[N]. 榆林日报. 2021. 04. 26.

[11] 全民阅读时代：恰是读书时 不负好春光[N]. 洛阳日报. 2019. 03. 22.

[12] 德州学院组织开展"诗礼传家 书不尽言"家书交流活动[N]. 齐鲁晚报，2018. 12. 06.

[13] 德州记忆讲堂第一期开讲[N]. 德州日报，2019. 09. 01.

[14] 桑恒昌文学馆德州开馆[N]. 德州晚报，2019. 09. 20.

[15] 著名诗人桑恒昌来德州学院与学子开展诗歌对话[N]. 齐鲁晚报，2021. 04. 07.

[16] 任继愈生平网上展厅展播仪式在我校举行[N]. 德州学院报，2016. 10. 20.

[17] 加强文化建设创新和服务创新 切实推进新旧动能转换重大工程[N]. 德州学院报，2018.09.10.

[18] 学校举办纪念红军长征胜利八十周年主题书展活动 [N]. 德州学院报，2016.12.10.

[19] 认识国学 学习国学 感悟国学[N]. 德州学院报，2017.05.20.

[20] "庆祝改革开放40周年"主题文献展开展 [N]. 德州学院报，2018.11.10.

[21] 图片新闻 [N]. 德州学院报，2019.05.10.

[22] 地方文献研究中心获赠《德州赵氏家谱》[N]. 德州学院报，2018.03.31.

[23] 陈冬琪. 让十九大精神深入百姓心中[N]. 汕头日报，2017.11.02.

[24] 学校加强校园文化建设精心打造校园文化育人体系[N]. 德州学院报，2020.06.20.

[25] 读有故事的人 听会行走的书[N]. 济宁晚报，2019.11.27.

[26] 我校举办阅读分享活动[N]. 德州学院报，2018.04.20.

[27] 获奖诗人李庄想做一个顽童[N]. 燕赵晚报，2018.06.20.

[28] 山东著名书法家薛伟东走进德州学院[N]. 齐鲁晚报，2021.05.28.

[29] 德州历史上的9处书院[N]. 临邑大众，2017.08.04.

[30] 王南. 德职第十四届读书节开幕[N]. 德州晚报，2019.06.21.

[31] 世界读书日 书香满校园[N]. 德州职业技术学院报，2015.05.08.

[32] 俞荣. 增强核心竞争力实现高质量发展[N]. 德州晚报，2019.09.09.

[33] 从张培祥身上读懂奋斗的意义[N]. 今日魏都，2018.06.05.

[34] 俞荣. 齐鲁工匠孙一倩参与"品味真人书"活动[N]. 德州晚报，2019.12.24.

[35] 马乐. 推动全民阅读 建设书香社会[N]. 德州日报，2019.04.15.

[36] 赵祜昊. 市图书馆开展送文化进军营活动[N]. 德州晚报，2020.08.03.

[37] 经典诵读进校园 [N]. 德州日报，2019.11.12.

[38] 德州市图书馆在全省读书朗诵赛中获佳绩[N]. 德州晚报2021. 04. 27.

[39] 曹清. 新华书店开启转型发展新篇章[N]. 德州日报德周刊，2020. 09. 10.

[40] 德州记忆讲堂第一期开讲[N]. 德州日报，2019. 09. 11.

[41] 在城市文脉的探究中凝聚对祖国的依赖与感恩[N]. 德州晚报，2020. 05. 27.

[42] 重拾德州人的文化自信[N]. 德州晚报，2017. 09. 14.

[43] 德州新华集团助力教育事业发展[N]. 德州日报，2017. 09. 07.

[44] 吴静春. 山东新华与德州市教育局签署协议强化合作[N]. 中国出版传媒商报，2018. 06. 29.

[45] 李莉. 图片新闻运河[N]. 开发区报，2018. 04. 23.

[46] 刘畅. "入阅读之境开写作之门"[N]. 德州晚报，2018. 11. 23.

[47] 欢度佳节送文艺进敬老院 [N]. 陵城报，2019. 09. 19.

[48] 刘瑞平. 2018年第二届"妙语杯"全县读书朗诵大赛初赛圆满成功[N]. 夏津大众报，2018. 04. 09.

[49] 董岩，姜明艳. 2019夏津县青少年读书朗诵大赛圆满结束[N]. 夏津大众报，2019. 04. 15.

[50] 董岩，孙红娟，姜明艳. 夏津县第三届读书朗诵大赛成人组决赛圆满落幕[N]. 夏津大众报，2019. 04. 08.

[51] 我市首个"城市书房"启用[N]. 禹城市报，2020. 04. 24.

[52] 杨德林. "九大禹城"打造创新开放新高地[N]. 德州日报，2020. 08. 24.

[53] 市图书馆：书香滋养一座城[N]. 淄博日报，2019. 09. 20.

[54] 淄博：深化文化赋能 攻坚文旅融合高地[N]. 中国旅游报，2021-09-20.

[55] 书香润城 再谱华章[N]. 淄博晚报，2020. 12. 03.

[56] 24小时城市书房构筑市民"精神空间"[N]. 淄博日报，2020. 12. 16.

[57] 宣传阅读疗法，我的最美心愿[N]. 图书馆报，2018. 07. 06.

[58] 关于那片高粱地，你不知道的那些事[N]. 半岛都市报，2015. 05. 04.

[59] 袁晟昱. 科燃创意激荡，艺展梦想飞扬[N]. 潍坊学院报，2016. 06. 24.

[60] 鼓乐吟诗鉴赏会 读者品味诗之美[N]. 泰安日报，2018. 06. 20.

[61] 读书日市图邀你静享阅读[N]. 青岛晚报，2018. 04. 20.

[62] 青岛市图书馆启动2018读书节[N]. 中国文化报，2018. 04. 25.

[63] 周洁. 线上图书馆丰富阅读生活[N]. 青岛早报，2021. 01. 20.

[64] 贾小飞. 青岛市图书馆"让阅读更广泛"[N]. 青岛晚报，2021. 01. 04.

[65] 话筒给你让世界听到你的朗读[N]. 青岛早报，2018. 05. 24.

[66] "全民阅读""古籍保护"分别连续第九次、首次写入政府工作报
    告[N]. 新华书目报，2022. 03. 10.

[67] "全民阅读"连续九次写入政府工作报告[N]. 国际出版周报，2022.
    03. 14.

[68] 每年4月–6月为"书香烟台"全民阅读季[N]. 齐鲁晚报，2019. 03. 27.

[69] 杨秀萍. 烟台出台全省首部全民阅读促进条例[N]. 大众日报，2019.
    03. 28

[70] 刘晋. 推进全民阅读 港城一路书香[N]. 烟台日报，2021. 04. 30.

[71] 郭超. 打造爱"阅"之城 让书香触手可及[N]. 烟台日报，2020. 04. 22.

[72] 烟台培育儿童阅读推广人[N]. 安徽日报，2021. 08. 20.

[73] 刘国明. 留住那琅琅书声[N]. 鲁东大学报，2018. 09. 06.

[74] 王辰晨，吴艳婷. 静心读书悦享一生[N]. 鲁东大学报，2018. 04. 29.

[75] 山东多地举办全民阅读活动[N]. 中国文化报，2016. 04. 28.

[76] 少儿阅读推广，图书馆应成为"擦星人"[N]. 图书馆报，2012. 06. 01.

[77] 秦臻，李小芹. 本报新华社云直播走进海源阁图书馆[N]. 聊城晚报，
    2017. 04. 24.

[78] "刻书藏书与聊城"主题晒书活动举办[N]. 聊城日报，2020. 08. 26.

[79] 刘敏，于丽娜. 智慧服务下高校图书馆古籍文献阅读推广研究[N]. 聊
    城大学报，2019. 09. 03.

[80] 扩大"书香半径"让阅读辐射城乡各个角落[N]. 滨州日报，2021. 02. 25.

[81] 市图书馆馆际交流活动走进沾化区图书馆[N]. 滨州日报，2020. 09. 03.

[82] 市档案馆向图书馆捐赠51册地方文献[N]. 鲁北晚报，2021. 01. 06.

[83] 东营公共文化服务体系建设结硕果[N]. 黄三角早报，2020. 11. 03.

[84] 快来市图书馆"全民阅读"吧[N]. 枣庄晚报，2016. 11. 03.

[85] 红军小学分馆揭牌[N]. 枣庄日报，2021. 01. 19.

[86] 聆听红嫂故事 感悟红嫂精神[N]. 鲁南商报，2015. 07. 06.

[87] 食品产业唱响"大临沂 新临沂"主旋律[N]. 中国食品安全报，2013. 12. 10.

[88] 衣方杰，张慧. 临沂人阅读生态掠影[N]. 沂蒙晚报，2019. 04. 23.

[89] "沂蒙红嫂"将扎根上海[N]. 沂蒙晚报，2020. 06. 23.

[90] 读书朗诵诠释经典[N]. 鲁南商报，2019. 04. 02.

[91] 日照城市书房接待读者突破100万人次[N]. 黄海晨刊，2020. 12. 03.

[92] 日照市城市书房海洋美学馆入选"主题图书馆特色阅读空间"[N]. 黄海晨刊，2021. 04. 29.

[93] 苏锐. 山东城市书房的三个梦想[N]. 中国文化报，2021. 01. 11.

[94] 三个民生项目即将投入使用[N]. 齐鲁晚报，2020. 05. 29.

[95] 吴宝书. 大海边，那24处书房[N]. 大众日报，2020. 11. 09.

[96] 打造居民家门口的"诗与远方"[N]. 日照日报，2020. 07. 30.

[97] 精致城市 书香日照[N]. 日照日报，2020. 06. 02.

[98] 胡安华. 山东省日照市:搭建全民爱"阅"之城[N]. 中国城市报，2020. 11. 16.

[99] 日照图书馆城市书房公益讲座即将开讲黄海晨刊[N]. 黄海晨刊，2018. 05. 10.

[100] 我市举办城市书房端午诗会[N]. 日照日报，2020. 07. 03.

[101] 韩媛媛. 我校图书馆荣获"全民阅读先进单位"称号[N]. 日照职院

报，2020.11.05.

[102] 韩媛媛. 2017年"书香校园全民阅读月"活动启动[N]. 日照职院报，2017.04.25.

[103] 张兴娟. 中华传统文化百部经典推介线上开展[N]. 日照职院报，2020.05.15.

[104] 韩媛媛，沈洪霞. 图书馆推出二十一天读书养成计划[N]. 日照职院报，2017.06.05.

[105] 韩媛媛. 图书馆获教育部高校图工委高职高专分委会年会案例三等奖[N]. 日照职院报，2018.11.15.

[106] 刘明霞. 唯美沙画表演勾勒出浪漫爱情[N]. 寿光日报2015.06.19.

[107] 充分发挥基础优势 着力推进乡村振兴[N]. 菏泽日报，2018.05.26.

[108] 何玲. 让非遗承载更多爱心和希望[N]. 中国城市报，2017.09.04.